KB268459

사랑하는,

___________ 님께

세상에서
가장 아름다운

광야

발행일 2026년 2월 4일 초판 1쇄

지은이 헤이븐 (Haven)
기획 도제 (Dozay)
펴낸곳 바인브랜치 (Vine-Branch) Co.
펴낸이 이선민
편집, 디자인 이선민
삽화 일러스트 @요게벳

이메일 ialwaystrustyou@naver.com
정가 16,800원

ISBN 979-11-990670-7-3 (03230)

세상에서
가장 아름다운
광야

헤이븐
by Haven

바인브랜치

추천의 글

헤이븐 님의 『세상에서 가장 아름다운 광야』가 출판됨을 축하합니다.

모두 가나안을 축복으로 여기는 상황에서, 저자는 광야를 아름다운 땅으로 여기는 영성을 가지고 있어 참 귀합니다.

저는 영락교회에 부임한 후 광야를 주제로 많은 설교를 했습니다. 한때 영락교회 성도였다가 지금은 개척하여 목회하고 계시는 목사님께서도 제가 광야를 주제로 설교를 많이 했었다 말씀하시면서, 당신도 개척 목회를 광야를 걷는 마음으로 하고 있다고 하셨습니다. 그러면서 광야는 고단하지만, 기름진 가나안에서는 맛볼 수 없는 '하나님과 함께하는 복'이 있다고 했습니다.

한국교회는 지나치게 가나안에 매몰되어 광야의 영성을 잃고 있습니다. 하나님께서 구름 기둥, 불기둥으로 함께하신 곳,

만나와 메추라기라는 기적의 음식을 먹은 곳이 광야입니다. 지금 우리에게 절실한 것이 바로 이러한 하나님의 임재와 역사, 편 팔과 강한 손으로 함께하시는 하나님의 현존입니다.

저자의 책이 귀한 이유는 개념적 서술이 아니라, 본인이 인생과 신앙의 여정에서 광야를 걸으며 받은 은혜의 고백이기 때문입니다. 이 책이 우리를 광야로 초대합니다. 매여 있는 현실을 툭툭 털고 일어나 광야의 바람을 온몸으로 마주 대하는 것은 우리의 막혔던 가슴을 뻥 뚫어 줄 것입니다. 그 바람은 성령의 바람일 것이라 생각합니다.

하나님께서 저자에게 지속적 은혜를 주셔서 날마다 더 깊이 광야를 즐기게 하실 것이라 기대하고, 그 후속 작품도 나올 것이라 믿습니다.

김운성 목사 (영락교회 담임)

가장 아름다운 초대

우리는 모두 각자의 광야를 걷고 있습니다. 누군가에게는 그것이 텅 빈 통장의 잔고일 수도, 누군가에게는 침묵하는 질병의 통증일 수도, 혹은 신이 부재한 듯한 지독한 고독일 수도 있습니다. 우리는 본능적으로 그곳을 빨리 벗어나야 할 고통의 자리로 여깁니다. 하지만 저는 이 책을 통해 당신에게 새로운 이정표를 제안하려 합니다. 광야는 당신의 인생에서 가장 아름다운 곳이라고 말입니다.

광야는 지도가 무용해지는 곳입니다. 내가 세운 계획과 준비한 모든 것들이 모래바람 속에 흩어질 때, 우리는 비로소 '나'라는 본질과 마주하게 됩니다. 사람들은 그곳을 버려진 땅이라 부르지만, 저는 그곳을 '세상에서 가장 아름다운 곳'으로 바라보기로 했습니다.

아름다움은 화려한 치장에 있지 않습니다. '나'라는 존재가 하나님이 설계하신 본연의 모습 '답게' 회복될 때, 즉 '앎'이 '아름'이 될 때 비로소 우리는 아름다워집니다. 광야의 한복판에서 쏟았던 눈물과, 매일 걸었던 밤길 위에서 저는 역설적이게도 가장 아름다운 본향을 보았습니다.

이 책은 고난을 견디는 법에 대한 기술서가 아닙니다. 오히려 당신의 광야 속에 숨겨진 하나님의 섬세한 식탁을 발견하게 하는 초대장입니다. 이 길의 끝에서 당신이 잃어버렸던 '진정한 나'와, 당신을 단 한 순간도 잊은 적 없으신 '선한 목자'를 깊이 만나게 되기를 소망합니다.

2026년 1월

헤이븐, 그리고 도제

목차

Part 1. 광야의 초대

추천의 글 4
PROLOGUE 6

12   두 개의 광야

· 이스라엘의 광야 ; 옛 자아를 죽이는 곳
· 예수님의 광야 ; 성령이 이끄신 곳

34   니의 광야

· 예수를 알기 전 ; 막막한 광야 속 멈춤의 의미
· 예수를 믿은 후 ; 비로소 보이는 은혜의 지평선

50   기다림의 광야

· 강하고 담대하라 ; 잠잠히 기다리는 용기
· 계속되는 기다림 ; 들려오는 주님의 음성

64   변하지 않는 광야

· 늘 제자리 ; 제자리걸음, 그러나 깊어지는 영성
· 그럼에도 불구하고 ; 지평선을 바라보는 새로운 시선

84   끝없는 광야

· 나의 '카이로스' ;
  흐르는 시간(크로노스) 속으로 침투한 영원
· 하나님의 '크로노스' ;
  하나님의 경륜(카이로스)에서 흐르는 완전한 사랑
· 마주 선 '코람데오' ; 시공간의 틈에서 만난 영원

Part 2. 광야의 선물

EPILOGUE   200

106   광야에서 얻은 복

· 나를 만난 곳, 광야 ; 채우심
· 하나님을 만난 곳, 광야 ; 돌보심

126   광야에서 성장하는 믿음

· 회복된 영혼의 시력 ; 마음의 눈이 밝아지는 기적
· 보이지 않는 것을 보는 법 ; 내가 변하는 기적

146   광야가 멈추지 않는 이유

· 멈추지 않고 흘러가는 광야 ; 나를 가장 아름답게 빚는 시간
· 고난도 기쁨이 되는 광야 ; '아름'다움이 소망을 이루는 시간

164   세상에서 가장 아름다운 광야

· 창조주, 영원한 나의 아버지 ; 비로소 만나는 '여호와 이레'
· 광야의 고통이 새겨놓은 '나이테' ; 영원한 찬송이 시작되는 곳

180   광야의 끝

· 광야에 베풀어 두신 사랑 1 ; 푸른 초장과 쉴만한 물가
· 광야에 베풀어 두신 사랑 2 ; 주의 지팡이와 막대기
· 광야에서 들리는 하나님의 음성 ; 나 양은 내 음성을 들으며…

광야의 초대

Part 1.

고난인 줄 알았던 광야가

사실은 하나님이 섬세하게 설계한 장소임을

깨닫는 과정

두 개의 광야

(신명기 8:2)

"네 하나님 여호와께서 이 사십 년 동안에 네게 광야 길을 걷게 하신 것을 기억하라 이는 너를 낮추시며 너를 시험하사 네 마음이 어떠한지 그 명령을 지키는지 지키지 않는지 알려 하심이라"

(마가복음 1:12-13)

"성령이 곧 예수를 광야로 몰아내신지라 광야에서 사십 일을 계시면서 사탄에게 시험을 받으시며 들짐승과 함께 계시니 천사들이 수종들더라"

이스라엘의 광야 ;
옛 자아를 죽이는 곳

우리 인생에 허락된 광야는 사실상 끝이 없습니다. 40년간 광야에서 방황하던 이스라엘 백성들이 젖과 꿀이 흐르는 약속의 땅 가나안에 들어간 후에야 광야를 벗어난 것처럼 우리 주님이 계신 하늘나라에 들어갈 때, 우리의 광야도 비로소 끝날 것입니다.

물론 성경 속 가나안이 우리의 본향인 천국만을 의미하지는 않습니다. 가나안은 이스라엘 민족이 출애굽한 이후 광야를 거쳐 입성한 젖과 꿀이 흐르는 땅이었지만, 동시에 수많은 전쟁을 치르면서 쟁취한 곳이기도 합니다. 이는 곧 예수 그리스도를 영접하고 세례를 받은 성도들이 겪어가는 신앙의 과정으로 비유될 수 있습니다. 이러한 두 가지 측면에서 우리는 더욱

"광야는 우리를 천국에 이르게 하시려는 하나님의
계획이며, 구원받기에 합당한 흔들리지 않는 믿음을
갖추게 하는 세상에서 가장 아름다운 곳입니다."

폭넓게 가나안을 이해할 수 있습니다. 그러나 이스라엘 백성들이 가나안에 들어간 다음에 겪었던 전쟁과 고난은 성도가 천국에 들어간 이후에 겪는 일은 아니기 때문에, 구분해 생각할 필요는 있습니다.

우리는 힘든 일이 있을 때마다 스스로 광야에 있다고 말하곤 합니다. 그리고 그 시간이 빨리 지나가길 기도합니다. 하지만 우리가 이 땅에서 살아가는 동안 광야의 끝은 오지 않을 것입니다. 광야는 끝도 없이 이어질 수밖에 없습니다. 그러나 그 길 끝에서 우리는 마침내 천국 문에 이르게 될 것입니다.

믿음으로 살아가는 인생에도 늘 고난과 아픔은 있습니다. 그러나 믿음으로 거친 광야를 다 지나간 후 주님이 세상에 다시 오시면 믿음을 지킨 성도들은 구원을 받습니다. 천국에 들어가 위로를 받고, 그에 합당한 상을 받게 됩니다. 광야는 끝나고 성도들은 영원한 복을 누리는 것입니다. 그러므로 우리가 주님과 함께 영원히 살게 될 천국을 사모하는 만큼, 오늘의 광야를 기쁘게 지나갈 수 있는 것입니다.

각자의 인생에 주어진 광야의 길을 걸어가면서 우리는 하나님의 사랑을 깨닫고 알아가는 시간을 갖게 될 것입니다. 바로 그 시간이 우리를 정금 같은 믿음의 소유자로 연단하여 마침내 바라고 바라던 천국에 이르게 합니다. 바로 이것이 하나님의 계획이며, 믿음을 가진 모든 신앙인이 동일하게 지나야 하는 광야의 여정입니다.

믿음의 사람들은 광야를 지나는 시간 동안 수많은 고난과 역경을 만나게 되지만, 그 모든 순간에 하나님이 함께하심을 경험하게 되면서 우리의 약함을 깊이 깨닫게 됩니다. 또한 하나님의 사랑과 예수 그리스도로 인한 구속의 은혜를 더욱 깊이 이해하고 받아들이게 됩니다. 그로 인해 우리 영혼은 성숙해지고, 믿음은 연단을 받아 정금처럼 되어 갑니다. 이것이 광야를 지나는 우리에게 하나님이 바라는 것입니다. 정금 같은 믿음, 흠 없고 점 없는 거룩한 믿음 말입니다.

> "믿음은 바라는 것들의 실상이요 보이지 않는 것들의 증거니 선진들이 이로써 증거를 얻었느니라"
>
> [히브리서 11:1-2]

히브리서 말씀처럼 우리에게 정말 필요한 것이 무엇인지를 깨달아야 합니다. 지금 당장 눈으로 볼 수는 없지만, 이후 천국에 들어갈 때 증거로 삼을 수 있을 만한 합당한 믿음을 가져야 합니다. 그 믿음을 소유하게 하시려고 하나님은 오늘도 여전히 광야를 걷는 우리를 이끌고 계십니다. 우리의 믿음이 바르게 자라고, 성숙해져서 구원을 이루기에 합당하도록 돕고 계시는 것입니다. 이는 우리를 천국에 이르게 하시려는 것이고, 이것이 우리가 광야를 지나야 하는 필연적인 이유입니다. 그러므로 하나님의 거룩한 영을 성전 된 육체에 모신 성도들은 주어진 모든 시간을 광야를 지나듯 치열하게 살아가야 합니다.

성경에서는 이 땅을 전쟁터로 묘사하고, 전쟁이 하나님께 속한 일임을 증거하고 있습니다. 마귀는 우는 사자와 같이 두루 삼킬 자를 찾으며, 믿음의 사람들을 끊임없이 참소합니다. 우리의 광야는 전쟁터일 뿐만 아니라 군사로서 준비하는 곳이며, 전신 갑주를 입고 나가 싸워야 하는 곳이기도 합니다. 바로 그 승리를 이끄시는 분이 하나님이시기 때문에 시편 23편의 말씀처럼 우리가 사망의 음침한 골짜기 같은 곳을 지나면서도 해를 두려워하지 않을 수 있는 것입니다. 우리가 지나는 광야는 바로 이런 곳입니다.

광야는 신앙의 선진들이 믿음으로 증거를 얻은 것처럼, 우리도 믿음으로 증거를 얻는 곳이어야 합니다. 믿음을 굳게 붙잡고, 흔들림 없이 애쓰고 힘써 지나는 곳이 광야이기에 우리는 최선을 다해 있는 힘껏 지나가야 합니다. 왜냐하면 우리의 소망이 천국에 있고, 지금 우리에게 주어진 인생은 천국 곧 본향을 향하여 가는 영혼의 간절한 소망이 담긴 나그네 여정이기 때문입니다.

이 세상, 이 땅은 결코 우리가 영원히 머물러 살 곳이 아닙니다. 어느새 신앙인들의 소망이 이 땅에서 잘 먹고 잘사는 것에 초

점이 맞추어져 가는 듯 보이지만, 우리가 반드시 알아야 할 것은 우리의 본향은 젖과 꿀이 흐르는 가나안이자 하나님의 나라인 천국이라는 사실입니다. 우리의 영은 하나님께로부터 나왔기에 반드시 하나님께로 돌아가게 될 것입니다.

에덴동산에서 뱀의 유혹에 넘어간 하와가 선악과를 먹고, 아담에게도 주어 먹게 함으로써 아담은 불순종의 죄를 짓게 되었고, '정녕 죽으리라'던 하나님의 말씀과 같이 우리 영혼이 '하나님으로부터 단절'이라는 죽음을 경험하게 됩니다. 이후 에덴동산에서 쫓겨난 아담과 하와에게는 땅을 경작해서 소산물을 얻어야 하는 평생의 수고와 출산의 고통이 더해집니다. 우리의 광야는 그렇게 시작되었습니다. 그러므로 우리가 이 광야에서 벗어나는 날은 하나님이 계시는 천국에 들어가는 날이고, 우리의 구원이 완성되는 날이 될 것입니다.

물론 연약한 우리를 위해 2천 년 전에 하나님의 아들이신 예수 그리스도께서 이 땅에 오셔서 모든 인류의 죄를 짊어지시고 죽으셨을 뿐만 아니라, 사흘 만에 부활하심으로 하와를 유혹했던 마귀를 이미 심판하셨습니다. 그러나 아직 마귀의 권세 아래 있는 우리를 이 땅, 곧 음부에서 벗어나 새로운 몸으로 하늘에 들어가게 하실 것이기에 우리는 예수님께서 구름 타고 다시 오실 그날을 소망하며 지금 이 광야를 지나고 있는 것입니다. 오직 믿음으로 견디고, 견디는 것입니다.

"다만 이뿐 아니라 우리가 환난 중에도 즐거워하나니 이는
환난은 인내를, 인내는 연단을, 연단은 소망을 이루는 줄
앎이로다"
[로마서 5:3-4]

우리가 광야를 지나는 동안 당면하게 되는 환난과 고난 앞에서
도 즐거워할 수 있는 분명한 이유가 있습니다. 환난은 인내를
만들어 내고, 인내는 연단을 받게 하고, 고된 연단은 마침내 우
리의 소망을 이루게 할 줄을 우리가 알기 때문입니다. 바로 이
소망은 천국을 향한 믿음의 사람들의 궁극의 목표이며, 오늘
광야를 지나고 있는 모든 인생을 견디게 하는 유일한 힘의 근
원입니다.

천국은 구원받은 성도들이 거할 처소가 있는 곳입니다. 우리
구주이신 예수님께서 첫 열매가 되셔서 하늘로 올라가신 후 지
금까지 성도들의 거처를 마련하고 계십니다. 우리는 그곳에서
영원히 하나님을 찬송하며, 기쁨을 만끽하게 될 것입니다. 하나
님의 찬란한 영광의 빛 가운데 영원히 거하게 될 것입니다. 그러
므로 오늘도 여전히 광야를 지나고는 있지만, 우리는 소망으로
충만하여 찬양하고 감사하며 서로 사랑할 수 있습니다. 왜냐하
면 이 광야의 좁은 길 끝에 천국이 기다리고 있기 때문입니다.

믿음의 사람들에게는 천국에 대한 간절한 소망이 있습니다. 소망은 우리로 하여금 견디게 해줍니다. 그 소망으로 인해 오늘도 우리는 환난 중에도 기뻐하고 즐거워할 수 있습니다. 바로 그 소망이 있어 풀무에 금을 단련하듯 고통이 밀려와도 견디는 것입니다. 우리의 믿음이 우리의 간절한 소망을 이루게 할 것입니다. 광야는 천국으로 향하여 가는 길입니다. 하나님의 사랑을 최대한으로 경험하는 곳입니다. 구원받기에 합당한 흔들리지 않는 믿음을 갖추게 하는 세상에서 가장 아름다운 곳이고, 아름다운 시간이며, 여정입니다.

광야를 지나는 시간은 고난이 단순한 시련이 아니라 성장과 희망의 과정이라는 사실을 깨닫게 하고, 인내와 연단을 통해 얻게 되는 소망은 우리에게 끝까지 포기하지 않을 힘과 위로를 줄 것입니다.

출애굽한 이스라엘 백성들은 광야에 머물게 되었습니다. 애굽의 왕 바로는 열 번이나 그들을 막아섰지만, 하나님의 확고한 의지에 따른 인도하심으로 모세는 이스라엘 민족을 광야로 이끌었습니다. 그러나 분명 하나님이 인도하신 곳임에도 광야는 이스라엘 민족에게 해방의 만족감보다 눈앞의 고난과 역경만 마주하는 곳이었습니다. 결국 하나님을 향한 원망이 쌓이는 곳이 된 것입니다.

"이스라엘 자손 온 회중이 그 광야에서 모세와 아론을 원
망하여 이스라엘 자손이 그들에게 이르되 우리가 애굽 땅
에서 고기 가마 곁에 앉아 있던 때와 떡을 배불리 먹던 때
에 여호와의 손에 죽었더라면 좋았을 것을 너희가 이 광야
로 우리를 인도해 내어 이 온 회중이 주려 죽게 하는도다"
[출애굽기 16:2-3]

광야에서 머물던 이스라엘 민족은 날마다 내려주시는 만나에 만
족하지 못했고, 고기를 요구하며 하나님을 원망했습니다. 애굽
에서 핍박받던 때를 오히려 그리워합니다. 애굽의 노예 생활과
비교해 보아도, 그들에게 광야는 결코 행복한 곳이 아니었습니
다. 광야는 홍해의 기적을 잊게 하는 곳이었고, 벗어날 수 없는
광야는 하나님을 향한 믿음마저도 의심하게 만드는 곳이 되었습
니다.

　마찬가지로, 오늘 광야를 지나는 우리의 인생에서도 죄에
서 구원받은 기쁨과 첫사랑의 감정을 잊어버리고, 눈앞에 닥
쳐온 막막함에 대한 두려움만 하나님 앞에 호소하면서 광야
의 참 의미를 퇴색시킵니다. 홍해를 마른 땅과 같이 지나왔
던 구원의 즐거움을 충분히 만끽하지 못하고, 먹고사는 문제
에 집중하면서 하나님을 향한 원망만 늘어놓습니다. 그러나
우리를 억압하고, 괴롭게 하던 영적 애굽으로부터 이끌어 내

신 하나님께서 죽었던 우리 영혼을 구원하실 분이심을 날마다 상기한다면, 우리에게 주어지는 것이 혹 만나뿐이더라도 만족할 수 있을 것입니다.

그러나 이스라엘 백성들은 고기를 달라며 애굽에 머물 때가 더 좋았다고 원망을 늘어놓습니다. 그럼에도 이 어리석은 백성들에게 메추라기까지 내려주시는 하나님의 사랑에 대해 참으로 감격하게 됩니다. 사실 그들은 만나만으로도 충분히 살 수 있었기 때문입니다. 우리의 삶이 부른 배를 두드리며 사치를 부리는 상황은 아닐지라도, 하나님께서 우리를 사랑하고 계심을 위대한 여정 속에서 깨닫게 되기를 바랍니다. 그 길의 끝에는 우리의 죽었던 영을 되살려 구원하시고, 영원토록 함께하기 원하시는 하나님의 깊은 사랑이 담겨 있습니다. 이 사실을 진정으로 깨닫게 된다면, 우리의 입술에 더 이상의 원망은 없을 것입니다.

이스라엘 백성들은 애굽에서 벗어나는 구원의 기적을 경험한 후에도 그 구원의 기쁨을 지속하기 힘들었습니다. 현실은 고통이었기 때문입니다. 그러나 그 길이 젖과 꿀이 흐르는 가나안 땅으로 향하는 유일한 길임을 깨닫고, 고통하는 자녀들의 광야 길을 함께 걸어가고 계셨던 우리 주님의 눈물과 사랑을 더욱 깊이 깨닫는다면, 우리가 지금 서 있는 광야의 한복판이 비로소 은혜의 길이요, 위로의 현장이며, 소망의 근원이 된다는 것을 알게 될 것입니다.

하나님은 이스라엘 민족의 출애굽을 계획하신 분입니다. 모세를 통해 이들을 끝내 광야로 이끌어 내신 것은 하나님께서 광야의 끝에 영원한 본향인 가나안을 예비해 두셨기 때문이고, 바로 그곳이 우리가 영원히 거할 처소이기 때문입니다.

오늘날 이미 출애굽을 경험한 믿음의 자녀들은 모두가 본향인 천국에 들어가기 위해서 광야를 지나고 있습니다. 우리가 걸어가는 이 광야는 마침내 주님과 함께할 소망의 나라, 우리 주님께서 지금 예비하고 계신 천국으로 인도받는 과정의 순간임을 잊지 말아야 합니다. 이 길 끝, 열린 천국 문 앞에서 면류관을 손에 들고 우리를 기다리고 계시는 주님을 기억합시다.

VINE-BRANCH CO.

예수님의 광야 ;
성령이 이끄신 곳

예수님께서 세례를 받으시고, 공생애를 시작하자마자 마귀는 예수님을 유혹했습니다. 그러나 유혹의 장소인 광야로 예수님을 이끌어가신 분은 성령님이셨습니다. 이처럼 신앙을 고백하고, 세례받은 성도들도 세상과 구별된 그 순간부터 이전과는 다른 새로운 광야로 접어들게 됩니다.

"그때에 예수께서 성령에게 이끌리어 마귀에게 시험을 받
으러 광야로 가사"
[마태복음 4:1]

이 광야는 끝없이 펼쳐져 있습니다. 그러나 마귀에게 시험을

"우리가 걷는 광야는
예수 그리스도께서
말씀으로 승리하신 곳이며,
천사들이 수종드는
아름다운 회복의 자리입니다."

받으신 예수님의 공생애가 시작되고, 그가 지나신 모든 곳은 새롭고 산 길이 되었습니다. 이제 우리가 따라 걸어야 할 길이기도 합니다. 그러므로 예수님께서 십자가에 달려 죽으시기까지 그분의 광야도 계속되었음을 깨닫기 바랍니다. 우리가 걸어갈 광야는 하나님의 구원 사역이 온전히 마무리되기까지 계속될 것이기 때문입니다.

오늘날 은혜의 시대를 살아가는 우리의 광야는 과거 구약 시대에 이스라엘 민족이 겪었던 광야와는 조금 다릅니다. 왜냐하면 우리 구주 예수 그리스도께서 사망 권세를 깨뜨리시고, 죽음에서 부활하셨기 때문입니다. 그래서 성령에 이끌려 가신 예수님의 광야가 우리에게 더욱 중요한 것입니다.

예수님께서는 광야로 이끌려 가신 후 세 가지 유혹을 받으셨습니다. 그 유혹은 하와가 선악과를 따먹을 때 뱀에게 받았던 유혹과 같았는데, 이후 하와는 같은 방법으로 아담을 유혹합니다. 결국 창조주 하나님의 모양과 형상을 따라 지음 받고, 그 코에 생기를 받아 '생령' 곧 '사는 영'이 된 아담이 하와로부터 선악과를 받아먹고 불순종의 죄를 지은 것이 우리의 '원죄'가 되었습니다. 이때부터 아담은 하나님으로부터 영적으로 단절되었고, 하나님은 자신과 영적으로 완전히 끊어져 죽을 수밖에 없는 아담의 후손들을 위한 구원 사역을 계획하십니다.

옛 뱀이요, 사단이라고도 하는 마귀는 아담을 하나님으로부터 끊어냈던 것처럼 예수님을 유혹하려고 했습니다. 그러나 광야로 이끄신 분이 성령님이셨다는 것은 예수님께서 광야로 가신 것이 하나님의 뜻이었고, 예수님도 그 뜻에 동의하셨다는 것을 우리에게 알려줍니다. 예수님께서 광야로 이끌리신 것은 인류의 구원을 향한 하나님의 계획을 온전히 성취하기 위함이었습니다.

광야에서 예수님은 뱀이 하와를 유혹했던 방식 그대로 유혹을 받으셨는데, 여기에서 중요한 점은 오늘날 우리가 받는 유혹도 이와 똑같다는 사실입니다.

"여자가 그 나무를 본즉 먹음직도 하고 보암직도 하고 지혜롭게 할 만큼 탐스럽기도 한 나무인지라 여자가 그 열매를 먹고 자기와 함께 있는 남편에게도 주매 그도 먹은지라"

[창세기 3:6]

"이는 세상에 있는 모든 것이 육신의 정욕과 안목의 정욕과 이생의 자랑이니 다 아버지께로부터 온 것이 아니요 세상으로부터 온 것이라"

[요한일서 2:16]

마태복음 4장은 마귀에게 시험 당하시는 예수님의 모습을 그리고 있습니다. 마귀는 먼저 돌을 떡으로 만들라며 육신의 정욕을 자극했고, 성전 꼭대기에서 뛰어내려 보라며 이생의 자랑을 부추겼습니다. 마지막으로 천하 만국의 화려한 영광을 보여주며 자신에게 절하라고 유혹한 것은 안목의 정욕을 건드린 것입니다.

그러나 우리 예수님께서는 오직 기록된 하나님의 말씀으로 마귀를 대적하셨고, 사람이 떡으로만 사는 것이 아니라, 하나님의 입으로부터 나오는 모든 말씀으로 산다고 선포하심으로 유혹의 사슬을 모두 끊어내셨습니다. 예수님은 그제야 비로소 천국을 전파하십니다. 광야에서 예수님이 마귀의 유혹을 하나님의 말씀으로 대적하신 것은 합법적 승리를 알리는 신호탄이 되었고, 그것이 우리에게는 소망이 되었습니다.

또한 마귀가 예수님을 떠나간 후 천사들이 수종들었던 것처럼, 은혜의 시대를 살아가는 우리의 광야가 예수님의 승리로 인해 얼마나 아름다운 광야가 되었는지 깨달아야 합니다. 지금 우리가 걷는 광야는 예수 그리스도께서 말씀으로 승리한 광야이고, 천사들이 수종드는 광야이기 때문입니다.

예수님께서 십자가에 달려 죽으시고 부활하심으로 마귀의 권세는 깨어졌고 이미 심판을 받았습니다. 그러나 우리를 사랑하시는 하나님이 여전히 죄 가운데 있는 인류의 구원을 위해 심판의 날을 잠시 미루어 두시는 것입니다. 당장 오늘에라도 예수님은 다시 오실 수 있습니다. 하지만 광야에서 방황하고 있는 우리가 하나님의 말씀을 통해 구원에 이르는 온전한 믿음을 갖추고, 거룩히 구별되기까지 기다리고 계신 것입니다. 나아가 믿음의 증인 된 우리를 통해 온 세상에 복음이 전해지고, 한 영혼이라도 더 구원에 이르게 하기 위해 오래 참으시는 것입니다. 이는 아무도 멸망하지 않기를 바라시는 하나님의 위대한 사랑인 것입니다.

> "주의 약속은 어떤 이들이 더디다고 생각하는 것 같이 더딘 것이 아니라 오직 즈께서는 너희를 대하여 오래 참으사 아무도 멸망하지 아니하고 다 회개하기에 이르기를 원하시느니라"
>
> [베드로후서 3:9]

이러한 이유로 우리의 삶이 십여 일 길을 40년이나 돌고, 돌아야만 했던 구약 시대의 광야와 닮았어도, 복음을 전할 수 있는 마지막 기회의 장이라는 점에서 예수님께서 남겨두신 광야는 비록 눈물과 낙심이 있고 괴로운 고난을 견뎌야 하는 곳이라 할지라도, 지극히 아름다울 수 있습니다. 심판의 날이 도래할 때, 더욱 굳건하고 견고히 세워진 우리 영혼이 얻게 될 영광의 면류관은 아름다울 수밖에 없습니다. 이것이 온 힘을 다해 주님을 붙들고 믿음을 굳게 지키며 살아갈 수 있는 이유이며, 그럼에도 불구하고 기쁘게 광야를 지나는 까닭입니다.

광야에서 말씀으로 마귀를 대적하시고, 십자가의 쓴 잔을 마침내 승리로 바꾸신 예수님은 부활하셨습니다. 그 부활의 능력으로 우리를 묶고 있는 모든 결박이 풀어졌음을 믿으시기 바랍니다.

오늘 우리는 여전히 광야를 걸어가고 있지만, 끝없는 터널과 같은 이 길을 다 지나면 그 좁은 길 끝에 천국 문이 활짝 열려 있을 것입니다. 그 문으로 들어갈 날이 속히 이를 것이며, 성경에 기록된 말씀처럼 지체하지 않고 이를 것입니다. 가장 합당한 날에 도둑과 같이 우리를 구하러 오실 주님은 약속하신 대로 속히 임하실 것입니다.

우리는 그날을 사모하기에 오늘 지나는 광야가 얼마나 감사한 곳인지 고백하게 됩니다. 승리하신 예수님의 발자취를 따라 걷는 이 길이 비록 좁고 메마를지라도, 세상에서 가장 아름다운 길임을 깨닫는 은혜가 있기를 바랍니다. 광야에서 하나님과 만나 이야기도 하고 위로도 받으면서 묵묵히 걸어가십시오. 하늘을 바라보며 소망을 붙드십시오. 길이 협착하여 찾는 이가 적겠지만, 함께 걸어가는 이들과 이 광야의 소중함을 나누며 살아가시기 바랍니다. 이곳이 참 기쁨을 찾고 참 소망을 발견하는 길이 되기를 간절히 소망합니다.

참 구원을 이루는 그날까지 광야에서 말씀으로 마귀를 대적하신 예수님을 기억하면서 주어진 삶에 만족하며, 기쁨을 만끽하며 살아갑시다. 하나님 우리 아버지의 약속은 반드시 이루어질 것이기 때문에 선을 행하고 낙심하지 않기를 바랍니다. 포기하지 않으면 때가 이르고 반드시 거두게 될 것입니다.

> "우리가 선을 행하되 낙심하지 말지니 포기하지 아니하면
> 때가 이르매 거두리라"
> [갈라디아서 6:9]

또한 예수님께서 광야로 이끌리실 떠, 성령의 인도를 받았음을 기억하면서 우리 인생의 중심에도 또다른 보혜사이신 성령께서 함께 하시고, 위로 하시며, 결코 떠나지 않으신다는 점을 기억합시다. 성령이 함께하시면 우리가 모든 것을 깨달아 알게 됩니다. 그로 인해 우리의 기쁨은 충만해지고, 마침내 예수님과 같이 당당하게 광야를 누리게 될 것입니다.

나의 광야

(고린도전서 10:13)

"사람이 감당할 시험 밖에는 너희에게 당한 것이 없나니 오직 하나님은 미쁘사 너희가 감당하지 못할 시험 당함을 허락하지 아니하시고 시험 당할 즈음에 또한 피할 길을 내사 너희로 능히 감당하게 하시느니라"

예수를 알기 전 ;
막막한 광야 속 멈춤의 의미

고난과 결핍으로 점철된 어린 시절, 삶에는 뚜렷한 목적이 없었고, 희망이라는 단어를 상상할 수 없을 만큼 막막함만 가득했습니다. 그러나 하나님은 그 시절에도 긍정적 사고를 할 수 있는 단순함이라는 귀한 선물을 허락하셨습니다. 긍정적으로 바라볼 수 없는 환경이었음에도 불구하고, 상황을 단순하게 받아들인 덕분에 순간순간 주어지는 작은 행복만으로도 넉넉히 견뎌낼 수 있었던 것 같습니다. 시간이 흘러 삶을 돌아보면, 이러한 긍정의 마음이야말로 기쁘게 광야를 지나게 해 준 가장 큰 복이었다고 생각합니다.

누구를 크게 원망하거나 미워해 본 적은 없습니다. 그렇다고 삶이 평탄했던 것은 결코 아니었습니다. 친구 관계나 가정의 어

"우리가 마침내 주님을 만났다는 사실은, 예수를 알기 전 지나온 흙먼지 날리던 광야 또한 충분히 의미 있고 아름다웠음을 증명합니다."

려움 등 삶의 곳곳에 아픔과 고통이 참 많았습니다. 결핍을 느끼게 했던 가난도 한몫을 했고, 두려움의 대상이었던 엄격한 부모의 그늘에서 늘 눈치를 봐야 했습니다. 오늘은 또 무슨 일이 일어나지 않을까 노심초사하며 하루하루 버텨낸 날들이었습니다.

그럼에도 불구하고 내면에 미움이 자리 잡지 않은 것은, 순수하고 맑은 심령을 허락하신 하나님의 전적인 은혜였습니다. 마음이 밝고 생각이 건전해 소위 말하는 '나쁜 길'로 이탈하지 않았던 것 역시, 돌아보면 한없는 하나님의 사랑이고, 은혜였음을 고백하게 됩니다.

고난의 시기에 복음은 임했습니다. 처음 교회에 나갔던 날, 그 자리에서 내가 죄인임을 깨닫고 주체할 수 없이 흐르던 눈물이 그것을 반증합니다. 어려운 가정 환경과 녹록지 않은 삶의 형편은 내면에 깊은 눌림이 되었기에, 어쩌면 이 모든 어려움이 내가 죄인이어서 주어진 부정적 삶의 모습이 아니었을까 하는 생각을 무의식중에 가지고 있었던 것입니다. 그러나 이 깨달음은 도리어 은혜의 통로가 되었습니다. 어린 시절의 뼈아픈 결핍과 두려움, 그리고 가난은 오히려 예수님을 더 깊이 인격적으로 만나는 소중한 계기가 되었습니다.

"율법이 들어온 것은 범죄를 더하게 하려 함이라 그러나 죄가 더한 곳에 은혜가 더욱 넘쳤나니”

[로마서 5:20]

죄가 더한 곳에 은혜가 넘친다는 성경의 말씀처럼, 우리의 삶이 죄로 가득한 삶이었기에 지금 이토록 선한 마음과 믿음, 그리고 천국을 향한 강한 열망이 심령에 가득할 수 있는 것입니다. 이런 관점으로 바라보면 지나온 모든 날들이 실은 우리에게 얼마나 큰 복이었는지 깨닫게 됩니다. 그 모든 아픔과 고통이 우리를 성화시키고, 우리를 성숙한 그리스도인으로 자라게 했기 때문입니다.

그러므로 이 모든 과정 속에, 우리의 내면 깊은 곳을 흐르는 하나님의 사랑이 있었음을 고백합니다. 또한 우리가 하나님을 찾고 그 때를 기다려 얻은 삶이 아니라, 과거 죄인 된 모습에서 벗어나서 믿음으로 거듭나 성화의 과정을 거치는 동안, 하나님께서 앞서 가셔서 우리를 기다리고 계셨다는 것을 분명하게 깨닫게 됩니다.

“내가 죄악 중에서 출생하였음이여 어머니가 죄 중에서 나를 잉태하였나이다”

[시편 51:5]

우리의 삶이 시작된 그날, 곧 다윗의 시편 고백처럼 모태에서 나와 힘차게 울음을 터뜨렸던 그날로부터 오늘에 이르기까지, 단 한순간도 우리의 삶에 하나님이 계시지 않았던 적은 없습니다. 물론 어리석은 인간은 종종 주님이 어디 계시는지 되묻곤 하지만, 그러한 불안한 마음과는 달리 주님은 그때도 지금도 여전히, 그리고 영원히 함께하십니다. 이 확고한 사실 하나만으로도 우리가 받은 복이 얼마나 큰 것인지 결코 부인할 수 없을 것입니다.

"내가 날 때부터 주께 맡긴 바 되었고 모태에서 나올 때부
터 주는 나의 하나님이 되셨나이다"
[시편 22:10]

우리의 인생은 태어나서부터 지금까지 광야를 지나고 있습니다. 그러나 우리가 구주이신 예수 그리스도를 알기 전에도 하나님은 살아 계셨고, 우리를 아셨으며, 우리의 이름을 부르시고 품에 안아 주셨습니다.

우리가 마침내 주님을 만났다는 사실은, 예수를 알기 전 지나온 흙먼지 날리던 광야 또한 충분히 의미 있고 아름다웠음을 증명합니다. 이것이야말로 전심으로 주를 따르고 싶게 만드는 가장 강력한 이유입니다.

VINE-BRANCH CO.

예수를 믿은 후 ;
비로소 보이는 은혜의 지평선

예수를 믿게 된 후, 삶은 180도 달라졌습니다. 가장 큰 변화는 온 세상이 아름다워 보였다는 사실입니다. 아쉬움이 있다면, 지금의 삶에 그때의 아름다움이 얼마나 남아 있는지 깊이 성찰하게 된다는 점입니다. 이는 믿음을 지키는 과정에서 겪어야 했던 오해와 아픔이 생각보다 깊었기 때문일 것입니다.

말씀대로 살아야 한다는 곧은 잣대를 가지고 살아가는 신앙인들에게 가장 큰 아픔과 괴로움을 안겨주는 곳은 어쩌면 교회 공동체이고, 그 안에서 일어나는 일들일 것입니다. 개인적으로도 유학 생활 중 이민 교회와 신학교 공동체에서 경험한 여러 부조리한 일들로 순수했던 영혼에 깊은 그늘이 드리워졌던 때가 있습니다. 그 상함은 생각보다 깊어 선뜻 사역을 시작

"광야는
눈에서 비늘이 벗겨진 자들에게는
더없이 아름다운 곳이며,
나를 깎아내어
하나님의 상속자로 빚어가시는
영광스러운 과정입니다."

할 수 없게 만들었고, 많은 고민을 거듭하게 했습니다. 한동안 평범한 직장인으로 살아가면서 나름 잘 적응하고 있다 생각했지만, 영혼에 깊게 드리운 그늘은 쉽게 걷히지 않았습니다.

긴 시간이 지난 후에야 비로소 교회학교 전도사로 사역을 시작하게 되었고, 아이들을 섬기며 많은 깨달음을 얻었습니다. 하지만 사역의 힘듦은 예상치 못한 다른 곳에 있었습니다. 그러나 넓은 의미에서 이 모든 과정 역시 축복이었습니다. 동이 트기 전 새벽녘의 칠흑 같은 어둠처럼, 하나님의 복이 온전히 임하기 전 주어지는 암흑과 같은 고난의 길은 마치 천국 문에 이르기 위해 좁은 길을 걸어가는 자의 영적 갈망을 깨우는 통로와 같음을 깨달았기 때문입니다.

때때로 신실한 하나님의 자녀들에게 왜 이토록 무거운 고통과 고난이 따르는지 생각해보곤 합니다. 그때마다 지난 삶을 차분히 돌아보며, 이 세상에서 힘겹게 살아가는 것보다 주님을 속히 만나는 것이 얼마나 기쁜 일이며 소망에 찬 갈급함인지 깨닫게 됩니다. 그렇기에 하나님께서 오늘 허락하신 하루의 생명으로 주어진 삶을 살아갈 때, 그 하루가 얼마나 소중하고 귀한 시간인지를 비로소 알게 됩니다. 결국 이 고난의 과정은 '세월을 아끼라' 명하신 그 말씀의 의미를 다시 한번 마음에 새기는 시간인 것입니다.

"그런즉 너희가 어떻게 행할지를 자세히 주의하여 지혜 없
는 자 같이 하지 말고 오직 지혜 있는 자 같이 하여 세월을
아끼라 때가 악하니라"

[에베소서 5:15-16]

우리는 예수 그리스도를 믿은 후 성령을 선물로 받습니다. 말씀
을 읽고 찬송을 부를 때, 그리고 하나님의 말씀인 복음을 전할
때 참된 행복과 감사함을 경험합니다. 다만 말씀을 읽거나 찬송
을 부를 때와는 달리 복음을 전하는 일에는 때로 막막함과 부담
감이 따르기도 합니다. 마땅히 해야 할 일임을 알면서도 마음
한쪽이 무거워지는 것이 사실입니다. 부담감이 따르기 때문입
니다.

그러나 여기서 중요한 한 가지를 깨닫게 됩니다. 그것은 누구
나 각자에게 허락된 모습으로 쓰임 받는다는 사실입니다. 하나
님께는 완벽한 계획이 있으시며, 우리는 그 계획 안에서 각기
다른 쓰임새로 부르심을 받는다는 것입니다. 이 깨달음은 오랫
동안 어둡게 드리웠던 영적 그림자를 걷어내는 확실한 계기가
되었습니다. 믿음 안에서 진정한 자유함을 얻은 후에야 스스로
'개인의 쓰임새'에 대해 더 구체적으로 생각하게 되었습니다.

지금 글을 쓰고 기록하는 사람으로 살아가고 있는 모습은
'나는 어떤 사람인가', '나는 무엇을 좋아하는가', '진정 원하는

것은 무엇인가'하는 질문을 스스로에게 던지던 어느 시점에 하나님의 위대한 계획의 퍼즐 한 조각을 알맞게 끼웠다는 확신을 갖게 해주었습니다.

예수를 믿은 후에도 우리의 인생이 여전히 광야인 이유는, 주 안에서 나 자신을 알아가고, 또 세상을 주님의 시선으로 바라보게 되는 이 모든 과정이 무척이나 고통스럽기 때문입니다. 우리 인생의 완성품이 어떤 모양일지는 알 수 없어도, 거대한 퍼즐 판 위에 작은 퍼즐 한 조각을 올려놓는 과정의 반복이 얼마나 어려운 일인지는 우리 모두가 알고 있습니다.

원하든 원치 않든, 우리는 하나님이 짜 놓으신 판 위에 조각을 올려야 합니다. 나를 바꾸는 일, 곧 생각 하나, 행동 하나, 작은 습관 하나를 고치는 일이 이토록 어려운 것은, 우리의 자아가 이 세상 이치에 얼마나 깊고 견고하게 뿌리 내리고 있는 지를 보여주는 명확한 반증일 것입니다.

이처럼 자아가 내면에 가득한 사람들에게는 성령의 일하심도 제한될 수밖에 없습니다. 그러나 그 모든 광야의 유혹에서도 우리를 이끌어 가시며 말씀으로 승리하게 하시는 분이 성령님이십니다. 하나님의 거룩한 성령을 받아 함께 인생의 광야를 지나는 동안, 우리 역시 예수님처럼 행동하고 말할 수 있게 되기를 소망합니다.

사단이라고 불리는 마귀의 속임에 넘어가지 않고, 이 길 위에 펼쳐진 아름다움을 볼 수 있는 눈이 열리기를 바랍니다. 비늘이 눈을 가려 앞을 보지 못했던 '사울'이 아니라, 비늘이 벗겨지고 비로소 예수 그리스도를 온전히 바라보게 된 '바울'처럼 오늘을 살아가길 진심으로 바랍니다.

광야는 눈에서 비늘이 벗겨진 자들에게는 더없이 아름다운 곳일 수밖에 없습니다. 세상의 모든 지식을 배설물로 여기고, 옥중에서도 찬송을 부르던 사도 바울의 삶을 통해 그의 광야가 얼마나 귀하고 아름다운 길이었는지, 또한 얼마나 좁은 길이었는지를 마음과 영혼에 깊이 새겨야 합니다. 모세가 받은 두 번째 돌판과 같이, 하나님의 손으로 직접 우리에게 새기고 또 새기시도록 우리의 삶을 온전히 내어드립시다.

"자녀이면 또한 상속자 곧 하나님의 상속자요 그리스도와 함께 한 상속자니 우리가 그와 함께 영광을 받기 위하여 고난도 함께 받아야 할 것이니라 생각하건대 현재의 고난은 장차 우리에게 나타날 영광과 비교할 수 없도다"

[로마서 8:17-18]

하나님께서 우리 인생을 당신의 모양대로 빚으시기 위해 날마다 깎아내고 다듬어 가시는 과정과, 가장 아름답고 소중한 것을 담을 수 있도록 만들어 가시는 과정은 믿음을 가지고 살아가는 우리에게 때로 아픔으로 다가올 것입니다. 그러나 마지막에 받게 될 영광스러운 면류관과는 결코 비교할 수 없으므로, 우리는 오늘도 기뻐하고 기도하며 감사할 수 있습니다. 오늘 우리의 하루 역시 아름답게 붉은 노을처럼 깊은 여운을 남기며 사그라지기를 소망합니다.

"그는 흥하여야 하겠고 나는 쇠하여야 하리라 하니라"
[요한복음 3:30]

기다림의 광야

(예레미야애가 3:25-26)

"기다리는 자들에게나 구하는 영혼들에게 여호와는 선하시도
다 사람이 여호와의 구원을 바라고 잠잠히 기다림이 좋도다"

강하고 담대하라 ;
잠잠히 기다리는 용기

무언가를 바라며 기다린다는 것은 고통이 수반될 수밖에 없습니다. 이는 원하는 것을 얻지 못하고 있는 결핍의 상태가 지속되는 일이기 때문입니다. 하지만 그 기다림 속에 좌절만 있는 것은 아닙니다. 왜냐하면 애써 광야를 지난 후에 주어질 '영혼의 구원'이라는 최고의 선물을 누릴 수 있기 때문입니다. 따라서 우리가 지나는 광야는 최고의 영광을 누리기에 합당한 자격을 갖추어가는 곳으로 아름답게 승화됩니다. 광야에서 보낸 모든 시간은 우리로 밝게 빛나게 할 것이기 때문입니다.

"만일 그리스도 안에서 우리가 바라는 것이 다만 이생의
삶뿐이면 모든 사람 가운데 우리가 더욱 불쌍한 자이리라"

"인생은 고통이 아니라 아름
답고 귀한 하나님의 선물이
며, 소망의 창을 통해 하늘
을 바라보며 참된 사랑을 경
험하는 시간입니다."

[고린도전서 15:19]

믿는 자에게 영생과 구원이 없다면, 성경 말씀처럼 우리는 세상에서 가장 불쌍한 사람일 것입니다. 만약 하나님이 계시지 않고 천국과 구원이 없다면, 오늘 우리가 지나는 광야는 그저 암흑일 뿐이며, 생명도 희망도 없는 사막에 불과할 것입니다.

그러나 우리에게 하늘나라에 대한 확고한 소망이 있기에, 오늘 우리가 견디는 고난과 슬픔이 비로소 참된 의미를 지니는 것입니다. 장차 다가올 영광과 영원을 누리게 될 그날을 기대하기에, 오늘의 기다림을 넉넉히 이겨내고 끝까지 버틸 수 있는 것입니다.

"너는 여호와를 기다릴지어다 강하고 담대하며 여호와를
기다릴지어다"
[시편 27:14]

하나님께서는 광야를 지나는 우리에게 '강하고 담대하라'고 명하셨습니다. 노아가 어둡고 습한 방주 안에서 짐승들의 오물 냄새와 울음소리를 견딜 수 있었던 것은, 천정에 있던 작은 창을 통해 하늘을 바라볼 수 있었기 때문입니다. 만일 방주에 하늘을 향한 창이 없었더라면, 끝나지 않을 것만 같은 그 고통의 순간을 어떤 마음으로 지냈을지 상상조차 할 수 없습니다.

우리 각자의 인생에는 누구에게나 하늘을 향한 소망의 창이 있습니다. 그 창을 통해 하늘을 바라보면서 우리는 살아갈 힘을 얻습니다. 그 소망이 우리를 살게 하는 것입니다. 소망은 빛이며, 예수 그리스도 안에서 완성될 구원의 닻입니다.

한 영혼을 천하보다 귀히 여기시는 하나님께서 단 한 영혼이라도 더 구원에 이르게 하기 위해 재림의 때를 잠시 지체하는 듯 보일지라도, 말씀의 약속과 같이 그날은 도둑처럼 지체 없이 임하게 될 것입니다. 주님은 속히 오실 것입니다. 모든 것에는 정하신 때가 있기에 우리는 그 때를 기다리면서 소망의 닻을 내리고 흔들리지 말아야 합니다.

이 세상을 살아가는 우리의 모습이 온몸이 묶인 채 사자굴에 던져진 다니엘과 같다 하더라도, 하나님은 우리 앞에 있는 굶주린 사자들의 입을 막아주실 것입니다. 또한 우리가 사망의 음침한 골짜기를 다닐지라도 해를 두려워하지 않을 수 있도록 굳게 지켜주실 것입니다.

광야는 하나님의 살아 계심과 그의 능력을 경험하고 알아가는 곳입니다. 또한 눈으로 보고 만질 수 있을 만큼 실질적인 사랑을 경험하는 곳이기드 합니다. 광야는 우리가 성장에 성장을 거듭하면서 천국에 넉넉히 들어가고도 남을 만큼 정결하고 거룩하게 구별되게 해줍니다. 부활의 주님을 다시 만날 때 부끄럽지 않도록 말입니다.

그러므로 이 귀한 여정 속에서, 성도들은 흰옷을 입고 거룩함으로 준비해야 합니다. 거룩함이 없이는 주님을 만날 수 없기 때문입니다. 인생은 고통이 아닙니다. 오히려 인생은 아름답고 귀한 하나님의 선물이며, 진실한 사랑을 경험하는 시간이기 때문입니다. 모든 괴로움과 고통의 순간은 마침내 기쁨과 환호의 외침으로 바뀔 것입니다. 그리고 우리는 깨닫게 될 것입니다. 우리가 이 세상을 살아가면서 더욱 강하고 담대할 수 있는 이유는, 모든 순간 하나님이 우리와 함께하셨기 때문이라는 것을 말입니다.

눈앞에 닥친 순간을 바라보며 살기보다 이후에 천국에 올라가 주님 뵈올 날을 소망하며 살아가시기를 바랍니다. 광야를 아름답게 바꾸는 방법은 예수 그리스도께서 말씀으로 마귀를 대적하신 후 천사들의 수종을 받으신 것과 같이, 오늘 우리 삶에 펼쳐져 있는 하나님의 충만한 사랑과 은혜, 믿는 자들을 향한 구원의 약속, 그리고 이미 승리하신 그리스도 예수의 보혈의 공로를 의지하는 것입니다. 멀리 보이는 듯하나 속히 들어갈 천국을 바라보며 영적 눈을 뜨시기 바랍니다.

"오직 여호와를 앙망하는 자는 새 힘을 얻으리니 독수리가
날개 치며 올라감 같을 것이요 달음박질하여도 곤비하지

아니하겠고 걸어가도 피곤하지 아니하리로다"

[이사야 40:31]

우리의 앞날은 기쁨입니다. 우리가 하나님을 바라고 앙망할 때에 언제나 새 힘을 얻을 수 있기 때문입니다. 마치 독수리가 날개 치며 높은 곳을 향하여 날아오르는 것처럼 말입니다. 달음박질하는 삶을 도 곤비하지 않을 것이고, 끝없는 광야를 걸어가면서도 피곤치 않을 것입니다.

하나님의 사랑은 믿는 모든 자들이 구원에 이르러 영원한 하나님의 영광 가운데 거하게 하는 것이기 때문입니다. 한 영혼이라도 더 천국으로 이끌어가기 위해, 한 사람이라도 더 자격을 갖추게 하기 위해 이 땅의 시간을 조금 더 허락하신 것이기 때문입니다. 변함없는 하나님의 사랑을, 날마다 구름 기둥, 불 기둥으로 지키시고 보호하시는 하나님의 사랑을 이 광야를 지나면서 누리시기 바랍니다. 더 깊이 경험하게 되기를 바랍니다. 천국에 들어가 우리 주님 만나는 날이 어색하지 않게 말입니다.

계속되는 기다림 ;
들려오는 주님의 음성

"기다리는 자들에게나 구하는 영혼들에게 여호와는 선하
시도다 사람이 여호와의 구원을 바라고 잠잠히 기다림이
좋도다"
[예레미야애가 3:25-26]

우리 하나님은 사랑이십니다. 우리가 느끼든, 못 느끼든 하나
님은 어제나 오늘이나 영원토록 동일하게 우리를 사랑하십니
다. 그러나 그 사실을 잊고 사는 자들에게 삶은 괴로움일 수
밖에 없습니다. 끝을 알 수 없는 고통의 날들을 웃으며 지낼
수 있는 인생은 없기 때문입니다. 이와 같은 인생에 주어지는
광야는 괴로움 그 자체일 것입니다. 그 괴로움의 굴레를 스스

"기다림은 일하시는 하나님을 신뢰하는 가장 적극적인 믿음이며, 우리를 고생하게 하심이 본심이 아니신 아버지의 풍부한 인자하심을 알아가는 과정입니다."

로 벗어날 수 없기에 더없이 괴롭고, 고통스러운 것입니다.

그러나 광야가 왜 나에게만 고통인지 미처 깨닫지 못했다 하더라도, 하나님은 선하시다는 진리만은 굳게 붙드시기 바랍니다. 하나님께는 결코 실수가 없다는 사실을 우리는 신뢰해야 합니다. 대개 어려움이 닥쳐오면 이 진리를 잊은 채 달리 방도가 없다는 이유로 괴로워하고 좌절하곤 합니다. 스스로 할 수 있는 것이 아무것도 없다는 무력함이 원망으로 이어집니다.

하지만 우리의 연약함은 결코 죄가 아닙니다. 하나님은 우리의 타고난 성정을 이미 다 알고 계시기 때문에, 그 연약함을 다루어 우리를 성장시키시려고 광야를 허락하시는 것입니다.

"아무것도 염려하지 말고 다만 모든 일에 기도와 간구로
너희 구할 것을 감사함으로 하나님께 아뢰라 그리하면 모
든 지각에 뛰어난 하나님의 평강이 그리스도 예수 안에서
너희 마음과 생각을 지키시리라"
[빌립보서 4:6-7]

염려나 근심은 사람의 키를 자라게 하는 것과 같은 근본적인 문제를 해결하거나 통제할 능력이 없습니다. 그래서 성경은 우리에게 염려하지 말라고 권면하며, 오히려 그 시간을 기도로 채우라고 말씀하십니다. 우리는 기도할 때 비로소 평안을 누릴

수 있습니다.

설령 기도 외에 우리가 할 수 있는 일이 아무것도 없다 하더라도, 하나님은 모든 것을 하실 수 있는 분입니다. 없는 것을 있는 것처럼, 죽은 자를 산 자처럼 부르시고 마른 뼈들도 일으키실 수 있는 전지전능한 분이시기 때문입니다.

하나님께서 우리의 참 아버지가 되시기에 우리는 끝까지 인내하며 기다릴 수 있습니다. 모든 믿는 자의 미래는 하나님 아버지를 의지할 때 희망으로 바뀝니다,

> "그가 비록 근심하게 하시나 그의 풍부한 인자하심에 따라
> 긍휼히 여기실 것임이라 주께서 인생으로 고생하게 하시
> 며 근심하게 하심은 본심이 아니시로다"
>
> [예레미야애가 3:32-33]

이제 우리가 할 일은 우리의 마음과 생각을 지키는 것입니다. 일하시는 분은 하나님이시고 그 일을 이루어가는 데 있어서 기다림은 필연적 조건입니다. 그 때와 시는 하나님만 아시기 때문입니다. 가장 지혜로운 사람은 하나님의 때가 이를 때까지 마음과 생각을 지키는 사람이고, 그것이 진정한 믿음입니다. 하나님 앞에 잠잠히 기다릴 줄 아는 사람은 복 있는 사람입니다.

"그러므로 형제들아 주께서 강림하시기까지 길이 참으라
보라 농부가 땅에서 나는 귀한 열매를 바라고 길이 참아 이
른 비와 늦은 비를 기다리나니"
[야고보서 5:7]

그러니 하나님을 향한 오해와 의심은 이제 버리시기 바랍니다.
기다림이 길어질수록 광야의 두려움은 커질 수밖에 없지만, 광
야가 사랑임을 알게 된다면 그 길을 지나는 우리에게 주어질
미래와 희망은 우리로 미소 짓게 할 것입니다. 복된 소망으로
하늘을 바라볼 힘과 용기를 줄 것입니다.

농부는 땅에서 귀한 열매가 맺어지기까지 길이 참고 기다립
니다. 하늘은 열매를 기다리는 농부와 같은 마음을 가진 자들
에게 이른 비와 늦은 비를 내려주어 마침내 추수하게 합니다.
하나님은 결핍의 상황 속에서도 견디며 기다리는 자에게, 가장
합당한 때에 필요한 은혜와 능력을 부어 주실 것입니다. 그리
고 마침내 구원 역사를 완성하실 것이라는 그 소망으로 우리를
충만하게 채우실 것입니다.

때로 지쳐 넘어지고 포기하고 싶어지더라도 반드시 기억해
야 할 것은 이 기다림의 끝, 이 길고 긴 터널의 끝에서 기다리고
계시는 우리 주님이 오늘도 우리를 위해 일하고 계신다는 바로

그 사실입니다.

변하지 않는 광야

(신명기 31:6)

"너희는 강하고 담대하라 두려워하지 말라 그들 앞에서 떨지
말라 이는 네 하나님 여호와 그가 너와 함께 가시며 결코 너를
떠나지 아니하시며 버리지 아니하실 것임이라"

늘 제자리 ;
제자리걸음, 그러나 깊어지는 영성

눈앞에 펼쳐진 광야를 등지고 비스가산 꼭대기에서 가나안을 바라보던 모세를 떠올려 봅니다. 모세와 1세대 이스라엘 백성들은 출애굽에는 성공했지만, 약속의 땅을 눈앞에 두고도 끝내 그곳에 발을 들이지 못한 채 광야에서 생을 마감합니다. 실제 거리로 따지면 광야를 지나는 데 필요한 시간은 고작 열 하룻길 정도였으나, 이스라엘 백성들은 이 척박한 땅에서 무려 40년을 머물러야 했습니다. 한 민족이 약속의 땅에 합당한 존재로 빚어지는 데 필요한 최소한의 시간이었던 셈입니다.

"호렙 산에서 세일 산을 지나 가데스 바네아까지 열 하룻 길이었더라"

“우리는 늘 제자리에

머물러 있는 듯하나,

결코 이전과 같은 자리가 아닙니다.

머무는 장소는 같을지 몰라도

그곳에 머무는 자의 내면은

주님으로 인해

매일 새로워지기 때문입니다.”

[신명기 1:2]

하지만 그중 모세와 1세대 백성들은 끝내 약속의 땅에 들어가지 못합니다. 반복되는 죄악, 그리고 꺾이지 않는 고집과 아집이 그들의 발목을 잡았기 때문입니다. 그러나 예수 그리스도께서 우리의 죄를 짊어지시고 십자가에 죽으심으로, 오늘 우리는 담대하게 천국을 바라볼 수 있게 되었습니다.

우리는 예수 그리스도를 구주로 고백하고 세례를 받았습니다. 영혼의 거듭남을 경험한 성도들은 이제 믿음으로 살아가는 법을 배우기 시작합니다. 이 배움의 과정이 곧 이스라엘이 겪었던 40년의 세월이자, 오늘날 우리가 걷는 광야의 여정입니다. 우리가 영원한 본향에 이르기까지 다듬어지고 깎이는 고통을 기꺼이 견디는 이유는, 그 시간이 결코 버려지는 시간이 아님을 알기 때문입니다. 비록 고난의 한복판에서 방황하는 삶이라 할지라도, 주님이 동행하시면 그곳은 더 이상 메마른 광야가 아니라 그 어디나 하늘나라가 됩니다.

광야는 아픔과 고통이 끊이지 않는 곳이지만, 그곳에 행복이 없는 것은 아닙니다. 광야에서 누리는 기쁨의 결은 무척이나 세밀하고, 그 맛이 특별합니다. 극한의 상황에서 얻는 평안함이 있고, 고통을 이겨낸 자들만이 누리는 깊은 만족이 있습니다. 이러한 경험은 길고 지난한 광야 길에서도 우리를 미소 짓게 하며, 어떤 상황에서도 자족할 수 있는 힘을 길러줍니다.

그렇다면 하나님께서는 왜 사랑하는 자녀들에게 광야를 허락하시는 것일까요? 광야를 지나며 고통하는 자녀들을 사랑하지 않기 때문일까요? 아닙니다. 우리 모두가 알듯이, 우리를 고통 가운데 그저 머물게 하려는 것이 결코 아닙니다. 광야는 본향에 들어갈 합당한 존재로 빚어지는 과정이자, 천국 백성으로서의 자격을 갖추어가는 곳입니다. 고통도 감내하며 지켜낸 믿음과 사랑, 그리고 하나님을 경외하는 마음은 우리를 끝까지 지켜주는 힘줄과 같은 역할을 할 것입니다. 그 힘은 주님을 배반하지 않도록 붙들어 줄 것이며, 어떤 시련이 닥쳐와도 변함없이 굳건하게 믿음을 지켜낼 동력이 될 것입니다.

흔들리고 변하는 믿음으로는 천국에 이를 수 없습니다. 믿음의 행보가 미지근했던 이스라엘 1세대 백성들처럼 잠시 믿는 듯하다가도 어느새 불신하며 돌아서는 상태로는 구원을 이룰 수 없기 때문입니다. 주님은 우리의 행위를 아십니다. 그래서 믿음의 태도를 분명히 하기를 권하셨고, 미지근하여 뜨겁지도 않고 차지도 않으면 입에서 토하여 내치시겠다고 하셨습니다.

거룩하신 하나님 앞에서 우리가 흠 없고 점 없는 성결함을 회복해야 하는 이유는, 빛나는 세마포와 같은 정결함이야말로 본향에 입성하는 자들이 갖추어야 할 예복과도 같은 것이기 때문입니다.

하나님 아버지께서 우리 인생에 허락하시는 고난은 결코 그 분의 본심이 아닙니다. 하나님의 본심은 우리에게 미래와 희망을 주는 것이기 때문입니다. 우리에게 허락된 천국은 그 무엇보다 찬란한 미래이며 희망입니다.

“여호와의 말씀이니라 너희를 향한 나의 생각을 내가 아나니 평안이요 재앙이 아니니라 너희에게 미래와 희망을 주는 것이니라”
[예레미야 29:11]

또한 그 무엇도 우리를 하나님의 사랑에서 끊을 수 없습니다. 조건 없는 사랑은 가장 강력한 무기이기 때문입니다. 하나님은 신실하시고 변함이 없으시며 결코 식언치 않으시는 분이기에, 로마서의 이 약속은 우리에게 희망이고 소망이 됩니다.

하나님의 신실하신 성품은 갈대와 같이 흔들리던 이스라엘 백성들의 모습과는 완벽히 대조됩니다. 그렇기 때문에 우리가 의심 없이 하나님을 신뢰하며 전적으로 의지할 수 있는 것입니다. 무언가를 믿는다는 것은 그 믿음의 대상이 변치 않는다는 고유성을 지녔음을 의미합니다. 그러므로 하나님의 고유한 성품에서 비롯된 사랑과 은혜와 구원의 약속만이 우리가 붙들 수 있는 유일한 진리인 것입니다.

의심 없이 주님을 붙드시기 바랍니다. 우리는 늘 제자리에 머물러 있는 듯하나, 결코 그 자리는 이전과 같은 자리가 아닙니다. 머무는 장소는 같을지 몰라도 그곳에 머무는 자의 내면은 주님으로 인해 매일 새로워지기 때문이며, 어제보다 나은 오늘로 주님이 늘 이끌고 계시기 때문입니다.

우리가 주님을 사랑하는 방법은, 광야를 지나는 동안 한 번이라도 더 하늘을 바라보는 우리의 진심일 것입니다. 짐승의 울음소리가 가득한 습하고 어두운 방주 안에서, 하늘에 난 작은 창을 통해 하나님만을 바라보았던 노아는 고통의 시간을 견뎌낸 끝에, 마침내 비가 그친 새 하늘과 새 땅에 두 발을 내디디며 새로운 삶을 맞이했습니다. 이처럼 우리 영혼을 관통하는 창을 통해, 단 하루라도 더 주님을 바라볼 수 있기를 바랍니다. 그 시선의 끝자락에 진리가 있고 소망이 있습니다. 그곳은 결코 변하지 않는 하나님의 약속이 성취되는 곳이기 때문입니다.

여러분이 오늘 그토록 소망하는 것은 무엇입니까? 세상이 말하는 부와 명예입니까, 아니면 사람의 지혜입니까? 아닙니다. 우리가 오늘도 변함없이 소망해야 할 것은 오직 천국이고, 결코 잊어서는 안 될 한 가지는 바로 영혼의 구원입니다.

하박국 선지자의 고백은 그런 면에서 다윗의 고백만큼이나 아름답고 순전합니다. 무화과나무 잎이 마르고 포도 열매가 없으며, 우리에 양이 없고 외양간에 송아지가 없을지라도 우리는 여호와로 말미암아 즐거워할 수 있다는 사실을 기억합시다. 주님이 함께하신다면, 우리가 서 있는 그 어디나 하늘나라가 될 것입니다.

그럼에도 불구하고 ;
지평선을 바라보는 새로운 시선

광야는 방향 감각을 잃는 곳입니다. 아니, 어쩌면 애초에 방향이라는 것이 존재하지 않는 곳일지도 모릅니다. 이는 광야를 지나는 우리의 무지한 실존을 대변하는 듯합니다. 어디로 가는지 목표를 잃은 사람들의 공허한 눈빛과도 같고, 무지한 인생이 의미 없이 허비해 버리는 허망한 세월과도 같습니다. 하지만 기억할 것이 있습니다. 이러한 어리석음이 사실 우리 모두의 모습이라는 점입니다. 이는 특정한 누군가만의 이야기가 아닙니다. 누구나 각자의 광야에서 이와 같은 막막한 시간을 지나고 있기 때문입니다.

그러므로 우리는 더 이상 자신의 초라한 모습에만 매몰되어 살아서는 안 됩니다. 하나님의 시선이 머무는 곳을 바라보

"주님이 가라 하실 때
가는 기쁨만큼이나,
멈추라 하실 때
멈출 수 있는 용기 또한
우리 삶에 새겨진
거룩한
승리의 흔적입니다."

아야 합니다. 그래야만 화살처럼 빠르게 지나는 인생에 의미를
부여할 수 있으며, 찰나의 시간을 붙잡아 세월을 아낄 수 있습
니다.

"세월을 아끼라 때가 악하니라 그러므로 어리석은 자가 되
지 말고 오직 주의 뜻이 무엇인가 이해하라"
[에베소서 5:16-17]

우리에게 허락된 시간은 참으로 귀한 '영적 장치'입니다. 본래
하나님께 시간과 공간의 제약은 의미가 없습니다. 하나님은 무
소부재하시며 만물 가운데 계시고, 영원부터 영원까지 동일하
신 분이기 때문입니다. 하나님께는 하루가 천 년 같고 천 년이
하루와 같은 이유도 바로 여기에 있습니다. 그럼에도 하나님은
천지를 창조하실 때 빛과 어둠을 나누고 해와 달과 별을 만드
셨습니다. 우리에게 '날', 곧 하루라는 시간의 매듭을 지어주신
것입니다. 이는 유한한 인생에게 성화를 이루기 위한 필수 요
건이 바로 '과정'에 있기 때문입니다.
　만약 오늘이 세상의 끝날이라면, 우리에게 주어진 오늘 하루
는 우리에게 주어진 전 인생이 될 것입니다. 그런 의미에서 매
일 새 생명을 기회로 허락하시는 것은, 또 하루를 기꺼이 기다
려 주시겠다는 하나님의 놀라운 자비입니다.

생명은 곧 사랑입니다. 이 사랑이 진정 위대한 이유는, 한없이 부족한 우리의 오늘에 여전히 광야가 펼쳐져 있기 때문입니다. 이는 곧 우리에게 오늘 한 번 더 구원에 합당한 믿음을 가질 기회가 주어졌음을 의미합니다.

이 얼마나 위대한 은혜이며 감격입니까. 하나님의 사랑은 결코 먼 곳에 있지 않습니다. 오늘 여러분이 서 있는 그 막막한 광야, 그곳에 있습니다. 그러니 오늘도 변함없이 하나님의 사랑을 충만히 누리시기 바랍니다. 그 사랑은 누리기로 작정한 자들의 몫이 될 것입니다.

그렇다면 넓디넓은 대지의 한복판에 서 있는 우리에게 진정 필요한 것은 무엇일까요? 발을 내디딜 용기입니까, 아니면 지도입니까? 아닙니다. 길이 없는 광야어서 우리에게 필요한 것은 바로 방향을 가리키는 나침반입니다.

오래전 학업을 위해 유학하던 당시, 거처할 곳조차 마땅치 않아 힘겹게 시간을 보낸 적이 있었습니다. 학비와 생활비를 벌기 위해 새벽 공장으로 향했던 고된 날들이었지만, 목표를 잃지 않고 하나님을 바라보았습니다. 그리고 마침내 그 시간의 한 마디를 매듭지을 수 있었습니다.

예배 중 은혜를 주신 하나님께 전 재산이었던 주머니 속 꾸깃한 20달러 지폐 한 장을 그대로 내어드렸습니다. 당장 다음 날 학교에 갈 차비도, 밥값도 없었지만 헛헛한 주머니 속 20달러는 그저 사치처럼 느껴졌습니다. 내일 밥 한 끼 먹고 나면 사라질 이 돈이 오늘 없어진다 한들, 지금의 삶에서 달라질 것은 아무것도 없었기 때문입니다. 오늘부터 굶든 내일부터 굶든 굶주림의 무게는 차이가 없었습니다. 그러나 갈급한 영혼의 타는 목마름은 눈물이 되어 쏟아졌습니다.

그렇게 하나님 앞에 모든 것을 내어드린 저의 내일이 어떠했을지는 여러분의 상상에 맡기고 싶습니다. 오늘도 하루를 주셨고 살아있어 광야를 맴돌고 있지만, 하나님과 시선을 맞추며 행복을 누리는 광야 속 미지의 인생에 대한 상상 말입니다. 방향을 잃었다고 생각했지만 늘 새로운 길을 열어주시고, 또 피할 길을 내어주시는 하나님 나의 아버지께 이 모든 영광을 돌립니다.

오늘도 메마르고 퍽퍽한 광야를 걸어가는 한 사람으로서, 성경 속 귀한 진리 하나를 나누고 싶습니다. 그것은 하나님께서 언제나 우리에게 무언가를 요구하신다는 사실입니다. 그러나 그 요구는 우리에게 무엇을 어떻게 하라는 행위에 관한 것이 아닙니다. 말씀을 통해 알 수 있듯이, 하나님은 친히 일을 성취하시는 분이기 때문입니다.

모든 경륜과 섭리를 계획하시고 이를 이루어 가시는 것은 온전한 하나님의 영역입니다. 그렇기에 우리의 역할은 오직 잠잠히 머물며 그분의 때를 기다리는 것입니다. 그 기다림 속에서 하나님의 일하심을 보게 되었을 때, 우리는 비로소 한 걸음 더 하나님을 이해하게 됩니다.

> "일을 행하시는 여호와, 그것을 만들며 성취하시는 여호와,
> 그의 이름을 여호와라 하는 이가 이와 같이 이르시도다"
>
> [예레미야 33:2]

전쟁이 하나님께 속한 이유는 그 일이 하나님의 소관이며, 그 싸움이 애초에 우리의 싸움이 아니기 떠문입니다. 사도 바울이 빌립보서 1장 21절에서 고백한 것처럼 내게 사는 것이 그리스도이기에 죽음조차 유익할 수 있는 것입니다. 나의 생사는 내 안에 사시는 그리스도께 달려 있습니다. 그러므로 우리는 우리를 향한 하나님의 궁극적인 요구가 무엇인지 바르게 깨달아야 합니다. 그 요구하심에 합당한 자만이 하늘나라에 들어갈 수 있기 때문입니다. 그 첫 번째는 거룩함입니다. 거룩함이 없이는 아무도 주를 볼 수 없기 때문입니다. 또한 우리를 향한 하나님의 뜻은 항상 기뻐하고, 쉬지 말고 기도하며, 범사에 감사하는 것입니다.

앞서 언급했듯, 우리가 스스로 싸워 이길 수 있는 전쟁은 단 하나도 없습니다. 우리의 싸움은 에베소서의 말씀처럼 혈과 육에 관한 것이 아니라, 이 어둠의 세상 주관자들과 하늘에 있

는 악의 영들을 상대하는 것이기 때문입니다.

"우리의 싸움은 혈과 육을 상대하는 것이 아니요 통치자들
과 권세들과 이 어둠의 세상 주관자들과 하늘에 있는 악의
영들을 상대함이라"
[에베소서 6:12]

우리는 우는 사자와 같이 두루 삼킬 자를 찾는 사단에게 피 흘
리기까지 대적합니다. 그러나 그 승리를 이끄시는 분은 오직
하나님 한 분뿐입니다. 그러므로 우리의 생각과 계획을 내려놓
고 하나님의 말씀에 순응해야 합니다. 하나님께서 가라 하실
때 가고, 멈추라 하실 때 멈추는 연습을 해야 합니다. 그것이
이 거대한 영적 전쟁터인 광야에서 우리가 거룩함을 지키며 살
아가는 유일한 방법입니다.

'주님 말씀하시면'이라는 찬양의 가사에 깊은 은혜를 받았던
때가 있었습니다. 그때 저는 주님의 부르심이라고 믿었던 어떤
일에 대해 오랫동안 기도하며 철저히 준비해왔고, 마침내 때가
이르렀다는 응답을 붙들고 새로운 일에 뛰어들었습니다. 하나
님의 응답이라는 확신이 있었기에 두려움 없이 나아갔습니다.
어려운 결정이었으나 순종하며 내딛는 그 걸음걸음은 참으로
충만했습니다.

그러나 얼마 지나지 않아 뜻밖의 음성을 듣게 되었습니다. 이제 되었으니 그만하고 다시 제자리로 돌아가라는 것이었습니다. 하나님의 강권적인 요구 앞에서 저는 철저히 무너졌습니다. 어떻게 준비한 시간인데, 얼마나 애쓰고 또 애썼는데, 그 수많은 눈물과 기도는 어떻게 되는 것인가 하는 생각에 휩싸여 멈추고 싶지 않았습니다.

모든 노력이 한순간에 수포로 돌아가는 결정을 스스로 내려야 했을 때, 비로소 멈춰 서는 것의 고통을 깊이 깨닫게 되었습니다. 신앙인으로서 하나님께 귀히 쓰임 받는 것보다 더 큰 상급은 없다고 믿었기에, 가던 길을 멈추고 제자리로 돌아가라는 말씀에는 절대 순종할 수 없었습니다. 그때 저는 다시 한번 인생의 허망함과 낙심, 그리고 이루 말할 수 없는 고통을 경험해야 했습니다.

하나님의 말씀에 순종하고 따르는 것이 가장 복되다는 사실을 머리로는 알면서도, 끝내 내려놓지 못하는 이 지독한 영적 교만을 정면으로 마주해야 했습니다. 가라 하실 때 가면서 누렸던 기쁨과 감사의 순간만큼이나, 멈추라 하실 때 멈출 수 있는 신앙을 겸비하는 것이 얼마나 어려운 일인지를 그제야 깨달았습니다. 그것은 매우 비싼 값을 치르고 얻은 소중한 경험이었고, 동시에 아름다운 상처이자 주님께서 제 삶에 친히 새기신 거룩한 흔적이 되었습니다.

어쩌면 저는 지금도 그즈음의 어딘가에서 여전히 광야를 맴도는 사람인지도 모릅니다. 하지만 이제는 그 멈춤조차 하나님의 선한 인도하심임을 알기에, 다음 걸음으로 이끄실 하나님의 손길을 다시금 잠잠히 기다리고 있습니다.

우리 존재의 목적은 영원히 하나님을 찬양하는 데 있습니다. 천국은 내가 이룬 업적에 대한 보상을 확인하는 자리가 아니라, 영원토록 하나님의 영광을 노래하는 곳입니다. 우리가 스스로의 약함과 결핍을 정직하게 인정할 때, 비로소 하나님은 우리 삶 속에서 일하기 시작하실 것입니다.

광야를 걷는 동안 이 한 가지 사실만은 잊지 마십시오. 우리가 아무리 보잘것없어 보일지라도, 우리가 하나님의 자녀라는 이 위대한 사실을 말입니다.

또한 오늘 우리의 이 모습 그대로도 충분히 존귀한 이유는, 천지의 주재이신 하나님께서 바로 우리의 아버지이시기 때문입니다. 떡을 달라 부르짖는 자녀에게 돌을 줄 부모는 없듯이, 하나님 아버지께서는 결코 우리를 고아와 같이 버려두지 않으실 것입니다.

"너희 중에 누가 아들이 떡을 달라 하는데 돌을 주며 생선을 달라 하는데 뱀을 줄 사람이 있겠느냐 너희가 악한 자라도 좋은 것으로 자식에게 줄 줄 알거든 하물며 하늘에 계신

너희 아버지께서 구하는 자에게 좋은 것으로 주시지 않겠

느냐"

[마태복음 7:9-11]

끝없는 광야

“그러나 내가 가는 길을 그가 아시나니 그가 나를 단련하신
후에는 내가 순금 같이 되어 나오리라”

나의 '카이로스' ;
흐르는 시간(크로노스) 속으로 침투한 영원

넓은 들판이나 수평선이 보이는 잔잔한 바다를 대하는 자세로 광야를 너그럽게 바라보십시오. 관점을 바꾸면 새로운 세상이 열립니다. 흔히 말하는 '피할 수 없으면 즐기라'는 의미를 우리가 지나는 광야에 적용해 보시기 바랍니다.

물론 세상에서는 자기암시적 긍정 확언만으로도 플라시보(placebo) 효과처럼 삶을 풀어나가는 사람들도 많습니다. 그러나 우리에게는 창조주 하나님이 계시지 않습니까? 바로 그분이 우리의 아버지이시기에, 막연한 확언으로 자기 위안을 삼는 이들과는 완전히 다른 차원의 평안과 위로를 받는 곳으로 광야는 승화될 수 있습니다.

99.9%의 순금이 되려면 불순물 가득한 돌덩이들을 도가니

"지평선을 반짝이는 수평선으로 바라보십시오. 그곳은 하늘과 바다가 나뉘는 선이 아니라, 하나님과 우리가 예수 그리스도 안에서 온전히 하나 되는 지점입니다."

에 던져 넣고 풀무불에서 수십, 수백 번의 단련을 반복해야 합니다. 정금이 될 때까지 거듭되어야 하는 과정입니다. 이 과정을 도중에 멈추게 되면 정금은 나올 수 없습니다. 여전히 돌덩이에 불과합니다.

어쩌면 우리의 성장은 단계적이 아니라, 지지부진한 시간이 흐르고 흐르다가 순간의 도약을 이루는 것인지도 모릅니다. 그래서 멈춘 듯 보이는 시간들에도 각각 의미가 있고, 결코 제자리만은 아닌 것입니다.

포도나무 가지는 나무에 붙어 있지 않으면 밖에 버려져 마르고, 사람들이 그것을 모아 불에 던져 사릅니다. 하지만 아무 일도 하지 않고 그저 붙어 있는 듯 보이는 가지에서 어느 순간 싹이 돋는 것과 같은 이치입니다.

"내 안에 거하라 나도 너희 안에 거하리라 가지가 포도나무에 붙어 있지 아니하면 스스로 열매를 맺을 수 없음 같이 너희도 내 안에 있지 아니하면 그러하리라 나는 포도나무요 너희는 가지라 그가 내 안에, 내가 그 안에 거하면 사람이 열매를 많이 맺나니 나를 떠나서는 너희가 아무것도 할 수 없음이라 사람이 내 안에 거하지 아니하면 가지처럼 밖에 버려져 마르나니 사람들이 그것을 모아다가 불에 던져 사르느니라"

[요한복음 15:4-6]

그러므로 스스로 열매 맺을 수 없는 우리는 반드시 주 예수를 붙들어야 합니다. 십자가 보혈의 공로가 우리를 살리는 유일한 생명이며, 죄 없으신 예수께서 우리의 모든 죄를 이미 담당하셨기 때문입니다. 주님은 부활로써 세상에 영원한 승리를 선포하셨습니다.

그러니 여러분의 광야에 더욱 애착을 가지시기 바랍니다. 주님의 바람과 기대에 부응하시기 바랍니다. 우리에게 주어진 소중한 인생은 낙담만 하며 보내기에는 너무나 아까운 시간이고, 누리며 살기에도 부족한 시간입니다. 성숙한 그리스도인으로서 예수 그리스도의 남은 고난을 감당하며, 이웃을 사랑하고 복음을 전할 기회는 우리가 살아 숨 쉬고 있는 동안뿐입니다. 그 기간은 우리에게 남은 생명의 기한과 같기 때문입니다.

광야는 결코 현실의 고난과 아픔에만 집중하는 시간이 아닙니다. 끝없이 펼쳐진 광야는 오히려 생명을 더 풍성히 누리고, 세상이 줄 수 없는 압도적 평안을 경험하는 기회의 장입니다.

하나님은 인간에게 '시간'이라는 흐름을 허락하셨습니다. 시공을 초월하여 계신 하나님께 시간은 본래 필요치 않은 조건적 틀일 뿐입니다. 그럼에도 인생에 시간을 허락하시어 천지만물을 다스리고 누릴 권한을 주셨습니다. 나아가 시간이 흐르게 함으로써, '멈춤의 지속'인 영원에 닿기 전 '성숙'이라는 필연적인 과정을 지나게 하신 것입니다.

시간이 없다면 우리에게 태어남과 자람, 그리고 죽음이라는 현상적 과정은 주어지지 않았을 것입니다. 하나님은 우리를 천사처럼 처음부터 특정 목적에 맞춰 영원히 변치 않는 상태로 존재하게 하실 수도 있었습니다. 그러나 주님은 빛과 어둠을 나누신 그 순간부터 시간을 흐르게 하셨습니다. 그 흐름 속에서 우리가 단련의 과정을 거쳐 비로소 완성에 이르도록 설계하신 것입니다.

우리는 나이가 들어감에 따라 숨이 다하는 날이 가까워진다는 사실에 슬픔을 느끼기도 합니다. 그러나 육신의 장막을 벗고 영원한 세상으로 들어가는 그날, 우리는 비로소 온전해질 것입니다. 그때에는 수건을 머리에 쓰고 거울을 보듯 희미하게 하나님을 뵙는 것이 아니라, 얼굴과 얼굴을 마주 보며 그 실존의 위엄 안에서 영원한 복락을 누리게 될 것입니다.

"우리가 지금은 거울로 보는 것 같이 희미하나 그때에는
얼굴과 얼굴을 대하여 볼 것이요, 지금은 내가 부분적으로
아나 그때에는 주께서 나를 아신 것 같이 내가 온전히 알리
라."
[고린도전서 13:12]

그러므로 하나님의 눈, 그 시선으로 세상을 바라보며 카이로스를 이 땅에서도 누리십시오. 그 놀라운 평화가 우리를 잔잔한 바다로 인도할 것입니다.

> "아무것도 염려하지 말고 다만 모든 일에 기도와 간구로
> 너희 구할 것을 감사함으로 하나님께 아뢰라 그리하면 모
> 든 지각에 뛰어난 하나님의 평강이 그리스도 예수 안에서
> 너희 마음과 생각을 지키시리라"
>
> [빌립보서 4:6-7]

우리는 하나님을 이해해야 합니다. 세상을 살아가는 동안 우리가 할 일은 '하나님을 아는 것'이라고 성경은 말씀합니다. 바로 하나님을 아는 것, 그것이 이 땅에서 누리는 가장 아름다운 카이로스일 것입니다. 아무도 빼앗지 못하고, 끊어내지 못하는 완벽한 '시공간의 틈'인 것입니다.

> "영생은 곧 유일하신 참 하나님과 그가 보내신 자 예수 그
> 리스도를 아는 것이니이다"
>
> [요한복음 17:3]

지금 끝없는 광야를 지나며 실망하고 계신가요? 도대체 이 광

야의 끝은 어디인가? 그 끝이 있기는 한 것인지 답답하기만 한가요? 그렇다면 광야의 끝자락에 선명하게 그어진 지평선을, 이제는 부서져 내리는 햇빛을 머금고 잔잔히 일렁이며 반짝이는 수평선처럼 바라볼 수 있기를 바랍니다.

하늘과 맞닿은 수평선은 하늘과 바다를 가르는 선이 아니라, 하늘이 바다이고 바다가 하늘이 되게 하는 지점입니다. 그 수평선이 하늘과 바다를 잇듯, 우리는 그곳에서 예수님의 말씀처럼 하나님과 내가 예수 그리스도로 말미암아 온전히 하나 되는 기적을 경험하게 될 것입니다.

"그 날에는 내가 아버지 안에, 너희가 내 안에, 내가 너희
안에 있는 것을 너희가 알리라"
[요한복음 14:20]

VINE-BRANCH CO.

하나님의 '크로노스' ;
하나님의 경륜(카이로스)에서 흐르는
완전한 사랑

"하나님이 세상을 이처럼 사랑하사 독생자를 주셨으니 이
는 그를 믿는 자마다 멸망하지 않고 영생을 얻게 하려 하심
이라"
[요한복음 3:16]

하나님은 사랑이십니다. 사랑은 하나님의 속성으로 변하지 않
는 진리입니다. 또한 진리이신 예수 그리스도께서 죽음을 이기
시고 살아나심으로 그 나라가 영원한 것입니다. 하나님은 우리
를 사랑하십니다. 그래서 독생자 예수를 이 땅에 보내주셨습니
다. 이는 부활의 주님을 믿기만 하면 멸망하지 않는다는 위대한
약속의 성취입니다.

"우리의 광야는 우연히 길을 잃은 곳이 아니라, 우리보다 앞서 그곳에 계셨던 하나님의 위대한 사랑을 만나기 위해 '에크발로' 된 거룩한 시간입니다."

죄인에게 영생을 허락하시려는 하나님의 지극한 사랑은 그분의 유일하신 아들을 죽음으로 내몰았습니다. 죄도 없으신 주님을 십자가에 달려 죽기까지 복종하게 하셨습니다. 예수님은 할 수만 있다면 그 잔을 옮겨달라고 하셨지만, 하나님은 우리를 끝까지 사랑하셨습니다. 약속을 지켜주셨고, 미쁘신 아버지가 되셨습니다.

독생하신 아들을 내어주시는 아버지의 마음을 우리는 아브라함이 이삭을 제물로 바치는 장면과 비교해 생각하곤 합니다. 그러나 하나님은 수풀 사이에 숫양을 예비하셔서 이삭을 구원하셨습니다. 아브라함의 믿음을 인정해 주셨고, 이삭이 제물로 바쳐지지 않았음에도 하나님은 아브라함을 의롭게 여겨 주셨습니다. 그러나 우리 예수님은 제물이 되셨고, 아무도 대신할 수 없는 죄짐을 지셨습니다.

앞서 언급했었던 떡을 달라하는 자에게 돌을 줄 부모가 없다는 말은 이런 점에서 참으로 잔인한 역설입니다. 하나님께서는 우리를 구원하시기 위해 아들을 십자가에 내어주셔야만 했던, 가장 고통스럽고 아픈 경험을 감내하셨기 때문입니다. 죄인 되었던 우리를 위해서 말입니다.

여러분의 광야는 여전히 고통이고, 아픔입니까? 성령님은 예수 그리스도를 직접 광야로 내모신 분입니다.

"그때에 예수께서 성령에게 이끌리어 마귀에게 시험을 받
으러 광야로 가사"

[마태복음 4:1]

"성령이 곧 예수를 광야로 몰아내신지라"

[마가복음 1:12]

여기서 '몰아내셨다'는 말은 헬라어로 '에크발로($\varepsilon\kappa\beta\acute{a}\lambda\lambda\omega$)'인데, 이는 '내던지다', '강하게 밖으로 밀어내다'라는 뜻을 품고 있습니다. 우리는 이 단어 속에서 하나님의 단호한 의지를 읽어야 합니다. 우리의 광야는 우연히 길을 잃어 머물게 된 곳이 아닙니다. 하나님의 사랑을 깨닫는 곳이며, 그 사랑의 수혜자로 변모하는 곳입니다.

우리는 이 말씀을 통해 우리보다 앞서 그곳에 계셨던 '하나님의 광야'를 볼 수 있어야 합니다. 우리 때문에 십자가를 지시고, 우리 때문에 고통당하신 성부, 성자, 성령 하나님의 그 처절하고도 숭고한 사랑을 깊이 깨닫게 되기를 바랍니다.

이 세상에 영원히 변치 않는 것을 찾기란 참으로 어렵습니다. 결국 변하는 것은 진리가 될 수 없기 때문입니다. 그러하기에 하나님의 사랑이 결코 변하지 않는다는 사실은 우리에게 말할 수 없는 감격으로 다가옵니다.

　그러니 더욱 예수 그리스도를 의지하여 저 하늘에 맞닿아 봅시다. 하늘빛을 온전히 머금어 비추는 푸른 바다가 되어 봅시다. 이 땅에 제물로 바쳐지기 위해 보냄을 받으셨던 예수님, 이제 우리가 그분의 편지가 되고 향기가 되어 봅시다. 우리의 광야에 이미 예비된 숫양이 있음을 믿읍시다.

　광야는 창조주 하나님이 우리와 함께 거니시는 거룩한 '크로노스'입니다. 주님과 함께 걸으면 그 어디나 하늘나라입니다.

VINE-BRANCH CO.

마주 선 '코람데오' ;
시공간의 틈에서 만난 영원

"가서 너희를 위하여 거처를 예비하면 내가 다시 와서 너
희를 내게로 영접하여 나 있는 곳에 너희도 있게 하리라"
[요한복음 14:3]

이제 하나님과 마주 서서, 그 거룩한 얼굴을 대면할 시간입니다.
우리는 시공간의 틈에서 하나님을 마주하게 될 것입니다. 그곳
은 인간의 시간이 멈추고 하나님의 영원이 시작되는 곳이며, 하
나님의 품 안에서 다윗이 누렸던 지극한 평안을 경험하는 자리
입니다.

사울 왕의 공격과 압살롬의 반역으로 도피자가 되고, 목숨
을 부지하려 광인 흉내를 내야 했던 처절한 순간에도 다윗은

"광야는 인간의 시간이 멈추고 하나님의 영원이 시
작되는 곳이며, 하나님의 품 안에서 다윗이 누렸던
지극한 평안을 경험하는 자리입니다."

해를 두려워하지 않았습니다. 이유는 분명합니다. 하나님께서 지팡이와 막대기로 그를 안위하실 뿐 아니라, 졸지도 주무시지도 않는 불꽃 같은 눈동자로 그를 지키고 계셨기 때문입니다. 하나님은 치열한 함성이 울려 퍼지고 날 선 칼날이 휘둘러지는 전쟁터 한복판에서도, 당신의 자녀를 위해 기꺼이 밥상을 차려 주시는 분이십니다.

"너희가 일찍이 일어나고 늦게 누우며 수고의 떡을 먹음이
헛되도다 그러므로 여호와께서 그의 사랑하시는 자에게는
잠을 주시는도다"
[시편 127:2]

하나님이 차려 주신 밥상으로 부른 배를 쓸어내리며, 평안히 잠을 청해 보십시오. 전쟁은 오직 하나님께 속한 것입니다. 우리는 그저 잠잠히 기다리는 자이며, 신랑의 음성을 곁에서 듣고 기뻐하는 신부들입니다. 이 기다림의 평안을 누리는 자가 진정 복된 자입니다. 또한, 나로 부하게도 가난하게도 말아 달라 간구했던 아굴의 기도 속 절제를 '거룩한 자리매김'의 토대로 삼기 바랍니다.

"내가 두 가지 일을 주께 구하였사오니 내가 죽기 전에 내

게 거절하지 마시옵소서 곧 헛된 것과 거짓말을 내게서 멀
리 하옵시며 나를 가난하게도 마옵시고 부하게도 마옵시
고 오직 필요한 양식으로 나를 먹이시옵소서 혹 내가 배불
러서 하나님을 모른다 여호와가 누구냐 할까 하오며 혹 내
가 가난하여 도둑질하고 내 하나님의 이름을 욕되게 할까
두려워함이니이다"

[잠언 30:7-9]

잔잔한 수평선 끝자락에서 하나님과 하나 될 순간을 기대하며,
다시 기쁘게 광야로 나아갑시다. 내가 선 곳의 시끄러운 소음
들에 마음을 빼앗기지 마십시오. 수평선 너머에 있을 미지의
세상을 미리 걱정할 필요도 없습니다. 광야는 오직 예수 그리
스도의 공로를 의지하며 지나는 곳이기 때문입니다.

우리가 예수 안에 거하면 그가 내 안에 계심과 동시에 아버
지 안에 계심을 깨닫게 될 것입니다. 그때 비로소 우리는 하나
님의 모든 소유와 영원한 생명까지도 온전히 누리게 될 것입니
다. 하나님은 우리의 아버지이시고, 우리는 그분의 아들이요,
딸로서 그와 함께 영원한 안식을 누리게 될 것입니다.

광야의 선물

Part 2.

광야에서 얻는 실질적인 영적 유익과

본향을 향한 소망의 완성

광야에서 얻은 복

"광야와 메마른 땅이 기뻐하며 사막이 백합화같이 피어 즐거워하며 무성하게 피어 기쁜 노래로 즐거워하며 레바논의 영광과 갈멜과 샤론의 아름다움을 얻을 것이라 그것들이 여호와의 영광 곧 우리 하나님의 아름다움을 보리로다"

나를 만난 곳, 광야 ;
채우심

하나님께서 우리에게 허락하시려는 궁극적인 복은 사실 이 땅에서 받는 위로나 풍요가 아닙니다. 성경 전체를 관통하여 우리에게 전하시는 복의 참된 의미는, 우리의 영혼을 구원하시어 영원한 하늘나라로 인도하시는 것입니다.

여러분이 처음 신앙생활을 시작했을 때를 떠올려 보십시오. 누군가에게 전도를 받을 때, 그분께 들었던 핵심적인 단어가 무엇이었습니까? 바로 '천국'입니다. 길에서 전도자들이 건네는 전단지나 물티슈에 적힌 문구 역시 일관됩니다. 하나님이 우리를 사랑하신다는 고백, 그리고 천국에 대한 약속입니다.

그러나 역설적이게도 신앙의 연륜이 더해갈수록 우리의 시선은 자꾸만 땅으로 향합니다. 어느새 이 세상에서의 성공

"광야에서 얻는 가장 큰 복은
화려한 허울에 가려졌던 참된 '나'를 발견하는 것이며,
그 가난한 심령 깊은 곳에서
우리에게 복 주시려는 하나님의 사랑을
비로소 마주하는 것입니다."

을 하나님의 복이라 정의하고, 그것을 하나님의 응답으로, 또
는 신앙의 증거로 고백하는 모습들을 우리는 너무나 자주 마주
하게 됩니다.

그들이 얼마나 더 천국을 사모하게 되었는지는 오히려 희미
해졌고, 구원의 확신 가운데 하박국 선지자가 노래했던 것과
같은 근원적인 기쁨을 풍성히 누리는 이들도 생각보다 찾아보
기 힘듭니다. 주일학교 어린이 예배에서 늘 들리던 천국에 대
한 찬양과 말씀이, 왜 장년들의 예배와 찬송에서는 점점 그 자
취를 감추고 있는지 아쉬울 뿐입니다.

오늘날의 신앙인들은 괴로움을 토로하거나 눈물샘을 자극하
여 자기연민에 빠지게 하는 감성적인 곡들에 오히려 열광합니
다. 울부짖는 기도 속에는 복을 달라는 간구가 끊임없이 터져
나오지만, 그 간구의 중심에는 '잘 먹고 잘 살게 해달라'는, 혹
은 '원하는 것을 꼭 얻게 해달라'는 일상의 고통과 욕망이 기저
에 깔려 있음을 우리는 부인할 수 없을 것입니다.

그러나 다시 말하지만, 하나님께서 우리에게 풍성히 누리게
하시려는 하늘의 복은 천국을 향한 갈망이며, 의에 주리고 목
마른 가난한 심령입니다. 그러한 마음으로 광야를 지나는 사람
들은 마른 사막 같은 광야의 한복판에서 비로소 '나'를 대면하
고, 나아가 '하나님'을 발견하게 될 것입니다.

오래전, 무척이나 고단한 시간을 지나왔던 청년의 때, 교회

에 갈 왕복 차비를 마련하는 것이 하나의 큰 숙제와도 같았던 적이 있었습니다. 그마저도 여의치 않을 때는 어둑해진 밤길의 무서움을 잊으려 찬송을 부르며 40여 분 길을 걸어 다니기도 했습니다. 이러한 결핍의 무게는 매일의 삶을 짓누르기도 했지만, 그럼에도 할 수 있는 한 더 많은 예배의 자리로 나아갔습니다.

하나님께서는 그 청년의 가슴에 작은 불을 지피셨고, 주님을 위해 살기로 고백한 소명의 사람이 되도록 오늘도 이끌어가고 계십니다. 주님의 식탁은 결코 작지 않습니다. 한때 스치듯 했던 기도들도 모두 기억하고 계시고, 오히려 그러한 작은 기도에 더 귀를 기울이시는 분이십니다. 가난한 심령을 가진 어리석은 한 영혼을 또렷이 기억하시는 분이기 때문입니다.

다윗은 사무엘이 이새의 집을 찾아갔을 때 그곳에 있지 않았습니다. 늘 그랬듯, 여느 때와 마찬가지로 광야에서 밤을 새우며 양 떼를 지키고 있었기 때문입니다. 그러나 하나님께서는 다윗을 보고 계셨습니다. 사무엘도 이새도 잊고 있었던 말째, 그가 바로 다윗입니다.

그에게 베푸신 하나님의 식탁은 왕좌였습니다. 이것이 우리가 인생에 펼쳐질 미래를 감히 상상할 수 없는 이유이기도 합니다. 오늘의 나는 보잘것없지만, 미래의 나는 하나님의 사람으로서 우뚝 서 있을 것이기 때문입니다.

또한 그로부터 몇 해 후, 송구영신 예배에서 또다시 많은 눈물을 쏟아낸 적이 있습니다. 그 눈물 속에는 힘겨운 일상에 대한 원망과 서러움도 분명 섞여 있었을 것입니다. 다가올 한 해를 하나님께 맡겨드리며 올린 그 부르짖음이 얼마나 간절했는지, 그 간구가 얼마나 처절했는지 모릅니다.

성경에는 예수님께서 십자가에 달리시기 전, 땀방울이 핏방울이 될 만큼 간절히 쏟아내셨던 기도를 '간구'라는 단어로 기록하고 있습니다. 이 단어의 어원은 헬라어 '히케테리아(ικετηρία)'로, 단순히 무언가를 도와달라는 요청의 수준을 넘어섭니다. 이는 생명을 구걸하는 가장 낮고 처절한 상태를 의미하며, 그 기저에는 창자가 끊어질 듯한 고통이 내포되어 있습니다.

땀방울에서 핏물이 배어 나올 만큼 간절히 기도한 예수님의 고통은, 온몸의 수분을 다 짜내듯 창자가 끊어지는 통증을 견디며 터져 나온 부르짖음이었습니다. 말로 형용할 수 없는 애절한 호소였던 것입니다. 그러나 그 처절한 기도 끝에 우리 주님은 12제자 중 한 명이었던 가룟 유다의 손에서 은 삼십에 팔리셨고, 마침내 십자가를 지셨습니다. 이는 오직 우리, 곧 죄인의 구원을 위해서였습니다.

물론 저의 기도는 예수님의 기도와는 감히 비교조차 할 수 없는 깃털처럼 가벼운 기도에 지나지 않습니다. 그럼에도 우리 주님께서는 1년 52주의 십일조를 빠짐없이 드릴 수 있는 기회를 제게 허락하셨습니다. 어느 주에는 만 원이, 또 어느 주에는 이만 원, 삼만 원도 생겼습니다. 상상할 수 없는 인도하심으로 한 주, 한 주 먹이시고 입히시는 하나님을 52주 동안 경험했습니다. 헌금을 드리고 나면 봉투에 찍어주던 그 빨간 도장은 마치 과부의 두 렙돈과 같은 천 원, 이천 원의 순종 위에 새겨진 붉은 인장과 같았고 그 자체로 거룩한 흔적이 되었습니다. 그렇게 가난했던 심령에는 공급하시는 하나님을 향한 신뢰가 켜켜이 쌓여 갔습니다.

놀랍게도 그해 마지막 주일이었던 12월 31일, 마지막 52번째 십일조를 하나님께 드리며 한 해를 완벽하게 지켜주신 은혜에 감사를 올려 드렸습니다. 그리고 그때 비로소 깨달았습니다. '아! 하나님께서 나의 평생을 책임져 주시겠구나!' 하는 확신이었습니다.

가난한 청년의 비루한 기도였지만, 그때 경험했던 그 응답은 다시 얻기 힘든 그 어느 보석이나 진주보다 귀한 은혜이자 위로였습니다. 앞으로의 인생에 다른 어떤 어려움이 닥쳐온다 해도 전 인생을 하나님께 맡겨도 좋다는 그날의 확신은, 오늘도 각자의 광야를 지나는 우리 모두에게 든든한 희망의 돛이 될 것입니다.

하나님께서 차려주신 식탁 앞에 앉을 용기를 가지시기 바랍니다. 전쟁이 한창인 피비린내 나는 현장에 차려진 밥상 앞에 감사히 앉을 용기를 가집시다. 그 자리는 아무에게나 주어지지 않습니다. 피할 길을 예비하실 주님을 의지하고, 온갖 무기가 날아다니는 바로 그 현장에서 주님의 식탁 앞에 앉아 영혼의 양식을 곱씹으며 꾹꾹 삼켜냅시다.

하나님의 사랑은 어디에서나 꽃을 피우고, 세상이 주는 것과는 다른 풍경을 빚어내어 우리에게 참된 평안을 누리게 하실 것입니다. 가난이 더 이상 결핍이 아니며, 고통이 더 이상 아픈 상처로만 귀결되지 않도록 우리를 지켜주실 것입니다.

이것이 의에 주리고 목마른 가난한 심령을 하나님께서 사랑하시는 이유입니다. 이 모든 것을 감사함으로 받아, 죽음조차 유익함을 깨닫고 그 식탁 앞에 겸허히 앉는 자들을 하나님께서는 더욱 귀한 그릇으로 빚으실 것입니다. 그리고 마침내, 당신의 뜻에 가장 합당하게 사용하실 것입니다.

"내가 오늘 네게 명하는 여호와의 명령과 법도와 규례를
지키지 아니하고 네 하나님 여호와를 잊어버리지 않도록
삼갈지어다 네가 먹어서 배부르고 아름다운 집을 짓고 거
주하게 되며 또 네 소와 양이 번성하며 네 은금이 증식되며
네 소유가 다 풍부하게 될 때에 네 마음이 교만하여 네 하
나님 여호와를 잊어버릴까 염려하노라 여호와는 너를 애
굽 땅 종 되었던 집에서 이끌어 내시고 너를 인도하여 그

광대하고 위험한 광야 곧 불뱀과 전갈이 있고 물이 없는 건
조한 땅을 지나게 하셨으며 또 너를 위하여 단단한 박석에
서 물을 내셨으며 네 조상들도 알지 못하던 만나를 광야에
서 네게 먹이셨나니 이는 다 너를 낮추시며 너를 시험하사
마침나 네게 복을 주려 하심이었느니라"

[신명기 8:11-16]

신명기 8장 전문을 이 지면에 다 옮길 수는 없지만, 시간을 내
어 꼭 한번 읽어보시기 바랍니다. 이 말씀은 참으로 우리의 폐
부를 찌르는 눈물의 말씀입니다. 하나님의 근심은 육체의 배부
름만을 복으로 여겨, 결국 치명적인 오만에 빠지는 것을 경계
하신 데에 있습니다.

"그러나 네가 마음에 이르기를 내 능력과 내 손의 힘으로
내가 이 재물을 얻었다 말할 것이라"

[신명기 8:17]

하나님께서는 이 모든 복이 오직 하나님으로부터 비롯된 것임
을 우리가 깨닫기를 원하셨습니다. 그러나 인간의 연약함이 그
것을 스스로 깨닫지 못함을 아셨기에, 우리를 낮추시고 주리게
도 하시며, 하루의 양식으로서 만나를 먹이셨습니다.

이를 '사람이 떡으로만 사는 것이 아니요, 여호와의 입에서 나오는 모든 말씀으로 사는 줄 알게 하려 하심'이라는 신명기 8장 3절의 말씀과 '네 하나님을 기억하라 그가 네게 재물 얻을 능력을 주셨음이라'는 18절의 증언이 뒷받침합니다. 이것은 조상들에게 맹세하셨던 언약을 오늘과 같이 이루려 하셨기 때문입니다.

우리의 길을 이끌고 계시는 하나님의 인도하심은 마침내 복을 주시려는 그분의 신실한 사랑에서 기인합니다. 우리를 천국으로 인도하시기 위해, 삶에 주어진 고난을 통로 삼아 하늘을 더 온전히 바라보게 하시는 하나님의 참사랑인 것입니다. 또한 그 소망이 흔들리지 않게 하시려고, 가난한 심령을 허락하셔서 우리를 낮추시는 지극히 섬세하고도 세밀한 배려이기도 합니다.

결국 광야에서 얻는 가장 큰 복은 화려한 허울에 가려졌던 참된 '나'를 발견하는 것입니다. '나'를 깨달을 때 비로소 이전에는 볼 수 없었던 하나님을 마주하게 됩니다. 죄에 대한 바른 깨달음으로 은혜를 경험하게 되는 것과 같은 이치입니다.

VINE-BRANCH CO.

하나님을 만난 곳, 광야 ;
돌보심

"그러므로 보라 내가 그를 타일러 거친 광야로 데리고 가
서 그의 마음에 감동되도록 말하고"
[호세아 2:14]

하나님은 참으로 친절하신 분이십니다. 우리에게 요구하시는
모든 일을 당신께서 친히 먼저 경험하셨기 때문입니다. 알지
못하는 것을 가르치신 적이 없으며, 방관자와 같이 훈수하시
는 분은 더더욱 아닙니다. 성삼위 하나님께서는 각각의 위(位)
를 가지시고 그 역할을 완벽히 이행하심으로, 우리에게 하나
님 자신의 존재에 대한 확신을 주십니다. 죄인을 구원하시기
위한 하나님의 계획이야말로, 그런 의미에서 가장 완벽하고도

"주님이 머무르실 곳이 본래 하늘뿐임을 깨달을 때, 광야의 고독함조차 과분한 은혜가 되며 '그리 아니하실지라도' 감사할 수 있는 하늘의 평안이 영혼에 깃듭니다."

치밀한 서사입니다.

죄가 없으신 독생자 예수를 세상에 보내실 때, 하나님 아버지께서는 그를 화려한 궁전이 아닌 말의 먹이를 담는 구유에 내리셨습니다. 가장 낮고 천한 곳으로 임하게 하신 것입니다. 또한 주님은 '나사렛 사람'이라 불리셨으나, 주님이 나신 곳은 '베들레헴', 곧 '떡집'이었습니다. 이후 예수님께서는 스스로를 하늘에서 내려온 '산 떡'이라 비유하시며, 우리에게 생명의 양식으로서 자신의 몸을 온전히 내어주실 것을 계시하셨습니다.

마침내 십자가를 지신 예수님께서는 고난의 쓴잔을 마다하지 않으셨습니다. 온몸의 물과 피를 다 쏟으셨고, 그 모진 고통을 친히 담당하심으로 우리의 길이요, 진리요, 생명이 되어 주셨습니다. 예수님은 결코 고통을 모르시는 분이 아닙니다. 그분이 당하신 고난은 온전히 우리의 허물과 죄 때문이었음을 성경은 분명히 증언합니다.

"그가 찔림은 우리의 허물 때문이요 그가 상함은 우리의
죄악 때문이라 그가 징계를 받으므로 우리는 평화를 누리
고 그가 채찍에 맞으므로 우리는 나음을 받았도다"
[이사야 53:5]

또한 하나님 아버지께서는 독생자 예수 그리스도의 처절한 고

통을 마주하셨음에도 그 잔이 지나가게 하지 않으셨습니다. 오히려 죽기까지 복종하게 하셨습니다. 하나님의 아들이자 죄 없으신 주님께서, 죄인 된 우리를 구원하시기 위해 담당하신 '고난의 짐'이었습니다. 그러므로 다들이 당하는 극한의 아픔을 바라보면서도 뜻을 굽히지 않으셨던 하나님의 신실함은, 가슴 저미는 고통 속에서도 우리를 살리시려는 아버지의 굳은 의지를 여과 없이 보여줍니다.

그러니 하나님이 '신'이라는 이유로 인간이 겪는 인생을 모를 것이라는 착각에서 벗어나시기 바랍니다. 하나님은 누구보다 고통을 잘 아시는 분이며, 인생의 눈물을 깊이 헤아리시는 분입니다. 다만, 구원의 길을 열어 놓으신 예수 그리스도의 공로를 헛되게 할 수 없고, 우리를 구원하시려는 그 거룩한 뜻을 결코 굽힐 수 없기에, 광야의 한복판에서 방황하는 우리를 오늘도 거룩히 구별되도록 빚어가시는 것입니다.

그러나 우리가 꼭 기억해야 할 한 가지 사실은, 바로 그 주님이 부활하셨다는 것입니다. 주님은 사망 권세를 모두 깨뜨리셨고, 구원의 첫 열매가 되어 하늘에 오르셨습니다. 그리고 지금 이 순간에도 우리를 위해 영원한 처소를 예비하고 계십니다.

또한 여전히 세상에 남아 때가 이르기까지 광야의 길을 걸어가는 우리 모두를 위해, 주님은 성령을 선물로 주셨습니다. 때때로 기도할 힘조차 없는 우리를 위해, 말할 수 없는 탄식으로 친히 간구하시는 성령님을 우리의 심령에 보내주신 것입니다.

오랜 고민 끝에 교육전도사로 첫 사역을 시작했을 무렵, 1.2평 남짓한 아주 작은 고시원 쪽방에서 지낸 적이 있습니다. 주일이면 번듯한 정장을 입고 정갈한 모습으로 아이들 앞에 섰지만, 사역을 마치고 돌아와 마주하는 현실은 다시 비좁은 쪽방이었습니다. 여러 일들로 마음이 무너져 내렸던 어느 날, 작은 침대에 누워 숨죽여 울었던 기억이 납니다. 그러나 그 처절한 고립의 공간에서, 주님은 더 잔잔하고 세미한 음성으로 다가오셨습니다.

"내 은혜가 네게 족하다."

하나님의 아들이신 우리 주님은 이 세상에 '인자(人子)'로 오셨습니다. 성령에 의해 광야로 내몰리셨고, 공생애를 사시는 동안 제자들의 배반과 십자가라는 형틀을 묵묵히 받아들이셨습니다. 오로지 아버지의 영광만을 드러내기 위해 자신을 철저히 비우셨던 예수님의 고독한 걸음이, 그 한 구절 '말씀(Logos)'이 탄식이 되어 저의 심령에 사무치게 와 닿았습니다.

"아, 인자는 머리 둘 곳도 없으셨구나."

"예수께서 이르시되 여우도 굴이 있고 공중의 새도 거처가
있으되 인자는 머리 둘 곳이 없도다 하시니라"

[마태복음 8:20]

예수님께서 하나님을 친아버지라 부르셨을 때, 유대인들은 예
수님이 자신을 하나님과 동등하게 여긴다며 '참람(僭濫)'하다
비난했습니다. 하지만 우리 주님은 하나님의 독생자로서 하나
님과 동등한 분이 맞습니다. 다만, 우리를 위해 스스로를 비워
낮아지셨고, 우리와 같은 종의 형체를 입고 오셨을 뿐입니다.

이 진리를 마주하고서야 우리 즈님이 본래 머무실 곳이 하늘
뿐이라는 사실이 너무도 자명하게 다가왔습니다. 내가 진정 예
수 그리스도를 믿는 하나님의 사람이라면, 이 땅이 아닌 하늘
에 소망을 둔 자라면, 머리를 누일 수 있는 고시원 쪽방의 작은
침대마저도 과분한 은혜임을 알게 되었습니다. 주님의 은혜가
내게 이미 족하다는 사실을 온전히 받아들이게 되었습니다. 그
제야 '그리 아니하실지라도 감사'할 수 있는 마음과 세상이 주
는 것과는 다른 참된 평안이 제 영혼에 깃들었습니다.

주님이 짊어지신 그 처절한 고난에 비하면, 오늘의 우리는 얼
마나 부요한 사람입니까. '받은 복을 세어 보라'는 찬송의 가사
처럼, 이미 넘치도록 받은 복이 많음에도 끊임없이 이생의 자랑

거리를 쫓으며 복을 갈구하던 어리석음을 이 광야 한복판에 모두 내려놓기를 원합니다. 오늘도 기쁘게 광야를 걸으며 우리 영혼을 생명의 양식으로 채우시는 주님께 모든 감사와 찬송과 영광을 돌려드립니다.

우리는 늘 시간이 지난 후에야 무릎을 치며 깨닫는 어리석은 자들이나, 그 은혜를 잊지 않게 하시는 하나님의 신실하심과 깊은 사랑에 감격할 뿐입니다. 그러므로 오늘도 찬송을 부르며, 광활한 광야의 끝에 선명히 보이는 수평선을 바라보며 하나님의 위로를 받아 누립시다.

우리는 주님께서 예비하신 '영원한 처소'를 소망하며 사는 그리스도인들입니다. 그러니 먼저 주님의 나라와 그의 의를 구하는 성도가 됩시다. 우리 삶의 우선순위가 하늘에 닿아 있을 때, 하나님께서는 이 땅에서 누릴 수 있는 모든 필요를 가장 선한 방법으로 우리에게 더하여 주실 것입니다.

"그런즉 너희는 먼저 그의 나라와 그의 의를 구하라 그리하면 이 모든 것을 너희에게 더하시리라"

[마태복음 6:33]

VINE-BRANCH CO.

광야에서 성장하는 믿음

(히브리서 11:24-26)

"믿음으로 모세는 장성하여 바르의 공주의 아들이라 칭함 받기를 거절하고 도리어 하나님의 백성과 함께 고난 받기를 잠시 죄악의 낙을 누리는 것보다 더 좋아하고 그리스도를 위하여 받는 수모를 애굽의 모든 보화보다 더 큰 재물로 여겼으니 이는 상 주심을 바라봄이라"

회복된 영혼의 시력 ;
마음의 눈이 밝아지는 기적

광야를 통과하며 우리는 비로소 '영적 시력'을 회복하게 됩니다. 모세는 태어나는 순간부터 광야를 경험한 인물입니다. 갓 태어난 히브리 사내아이를 모두 죽이라는 서슬 퍼런 명령이 떨어진 시대, 부모의 믿음으로 석 달간 숨겨졌으나 더는 키울 수 없게 되자 어머니 요게벳은 모세를 작은 갈대 상자에 실어 나일강에 띄워 보냅니다.

'갈대 상자'의 원어는 노아의 '방주'와 의미가 같습니다. 영어로는 '아크(Ark)'로 표기되는 이 단어의 어원은 히브리어로 '테바(תֵּבָה)'입니다. 이는 방향키가 없어 '스스로 움직일 수 없는 배'라는 뜻을 내포합니다. 방향을 스스로 결정할 수 없는 인생을 산다는 것은 결코 쉬운 일이 아닙니다. 그러나 모세의 인생은 태

"광야는 우리를 더 멀리 바라브게 하여 영적 시력을
회복시키는 은혜의 훈련장이며, 방향키 없는 '테바'
같은 인생을 하나님의 정확한 목적지로 인도하시는
기적의 통로입니다."

어나는 순간부터 이미 광야였던 것입니다. 하나님께서는 그저 물 따라 흘러간 듯 보이는 그 작은 바구니, 곧 '테바'를 자식이 없던 바로의 딸에게 정확히 가닿게 하셨습니다.

몽골은 사방이 대륙으로 이루어진 넓은 대지를 누비며 사는 유목민들의 나라입니다. 그들은 태어나면서부터 먼 곳을 바라보는 연습을 합니다. 그 덕분에 시력이 2.0에서 많게는 5.0에까지 이른다고 합니다. 시력이 5.0인 몽골인들은 약 10~20km 밖에 있는 가축의 종류나 사람의 움직임까지도 식별할 수 있을 정도입니다. 이는 유전적 요인도 있겠지만, 끝없이 펼쳐진 광야에서 본능적으로 먼 곳을 바라보는 습관이 길러졌기 때문입니다.

우리의 광야 인생에도 이와 같은 통찰이 필요합니다. 눈앞의 현실을 넘어 더 먼 곳을 조망할 수 있는 시선을 가져야 합니다. 우리는 머지않아 영원을 살아가야 할 존재로 변모할 그리스도인이기 때문입니다. 지금 우리 눈앞에 펼쳐진 고통이라는 현상은, 어쩌면 '실재(Reality)'가 아닌 찰나의 허상에 불과할지도 모릅니다.

우리에게는 삶을 얼마든지 긍정적으로 해석해 바라볼 수 있는 능력이 있습니다. 그것은 하나님께서 허락하신 선물로서 영원을 바라볼 수 있게 하신 '영적 시력'이라는 은혜 때문입니다. 이와 같은 복을 누리는 자들은 한 치 앞만 바라보며 살지 않습니다. 이 일의 끝, 이 고통의 터널 끝에 있을 기쁨을 바로 지금 누리며 사는 사람들이기 때문입니다.

우리가 육체를 가지고 살아가는 동안 이 광야는 끝나지 않을 것입니다. 그러나 모든 순간 우리의 영혼에서 폭죽처럼 터져 나오는 외침이 이와 같기를 바랍니다.

'So what!'

이러한 굳은 믿음은 앞서 언급했었던 긍정 확언과는 그 결이 완벽히 다릅니다. 하나님의 살아 계심을 확신하고, 상 주심을 바라는 믿음의 사람들에게만 허락된 참된 복입니다. 오직 심령이 가난한 자들의 영적인 눈으로만 관측해 바라볼 수 있는 '천국의 실상'이며, '말씀(Logos)'이라는 빛이 우리 영혼의 망막에 새긴 완벽한 결과물인 것입니다.

모세는 이 세상에서 잠시 누리는 복에 마음을 두고 살지 않았습니다. 그는 오히려 그리스도를 위한 고난을 기뻐했고, 영원한 상 주심을 바라보며 끝까지 견뎌낸, 온유하고도 신실했던 우리의 믿음의 조상이었습니다.

> "믿음은 바라는 것들의 실상이요 보이지 않는 것들의 증거니 선진들이 이로서 증거를 얻었느니라"
>
> [히브리서11:1-2]

'믿음'은 불신자들에게는 허상에 불과할지 모르나, 믿는 자들에게는 눈에 보이는 실상이요 확실한 증거입니다. 하늘에 소망을 두고 거친 광야를 지나는 자들은 히브리서 11장에 기록된 믿음의 선진들처럼 '세상이 감당치 못하는 자들'이기 때문입니다.

눈에서 비늘이 벗어진 뒤에 '사울'은 '바울'이 되었습니다. 바울은 사도행전 22장을 통해 알 수 있듯, 유대인으로서 길리기아 다소에서 태어나 당대 최고 학자인 가말리엘 문하에서 율법을 배웠습니다. 가말리엘의 제자가 되는 것은 선택받은 소수만이 누릴 수 있는 특권이었습니다. 또한 나면서부터 로마 시민권을 소유했던 바울은, 복음을 전하다 위기에 처했을 때 그 신분 덕분에 생명을 보존하거나 정당한 재판을 받을 기회를 얻기도 했습니다.

"나는 유대인으로 길리기아 다소에서 났고 이 성에서 자라

가말리엘의 문하에서 우리 조상들의 율법의 엄한 교훈을

받았고 오늘 너희 모든 사람처럼 하나님께 대하여 열심하

는 자라"

[사도행전 22:3]

이러한 엘리트 조건을 모두 갖추었던 바울은 '영적 시력'을 회

복한 후, 이 모든 세상 지식을 '배설물'과 같이 여겼습니다. 나아가 이러한 자신의 배경적 조건을 오히려 복음을 전하는 도구로 사용했습니다. 바울이 왕과 기득권 권력자들에게 복음을 전할 수 있었던 것도, 그가 가진 이러한 사회적 토대 위에 마련된 기회들이었습니다.

하나님은 큰 그릇과 작은 그릇을 차별하시는 분이 아닙니다. 금 그릇이냐 질그릇이냐를 따지시는 분도 아닙니다. 오로지 그 그릇 안에 '무엇이 담겨 있는가'를 보시는 분입니다. 만일 우리 안에 가장 귀한 것 곧 '예수 그리스도'라는 본질을 담고 있다면, 하나님께서는 우리 안에 담긴 그 보배에 합당하게 우리를 사용해 주실 것입니다.

그러므로 우리는 사람의 외고가 아닌 중심을 보시는 하나님의 마음을 읽어낼 수 있는 '영적 시력'을 가져야 합니다. 더 먼 곳, 더 깊은 곳을 바라볼 수 있는 영적 통찰이 있어야 합니다. 하나님의 마음을 왜곡하는 이생의 자랑이라는 수렁에 빠진 눈, 안목의 욕심으로 흐려진 눈, 그리고 육신의 정욕으로 멀어버린 눈으로는 결코 하나님이 예비하신 참된 복을 발견할 수 없기 때문입니다.

시편 1편의 권면을 겸허히 받아들입시다. 복 있는 사람은 악인들의 꾀를 따르지 아니하며, 죄인들의 길에 서지도 않고, 오만한 자의 자리에 앉지도 않습니다. 복 있는 사람은 오직 하

나님의 말씀을 즐거워하고, 그 말씀을 주야로 깊이 묵상하는
사람들입니다.

"저는 시냇가에 심은 나무가 시절을 좇아 과실을 맺으며
그 잎사귀가 마르지 아니함 같으니 그 행사가 다 형통하리
로다"
[시편 1:3]

감사하게도 하나님께서는 이와 같은 자들을 시냇가에 심은 나
무와 같이 지키시고 보호하십니다. 당신의 눈동자처럼 지키십
니다. 철을 따라 열매를 맺게 하시며, 그 잎사귀가 마르지 않게
하시고, 그가 행하는 모든 일이 형통하게 하십니다.

그러나 악인은 그렇지 않습니다. 그들은 바람에 나는 겨와
같아서 심판의 때를 견디지 못할 것입니다. 죄인들은 의인들의
모임에 결코 들지 못할 것입니다. 반면 의인들은 하나님께서
인정하신 자들입니다. 약속의 인치심을 받은 성도들은 천국에
서 하나님의 영광을 영원히 노래하게 될 것입니다.

그러니 여러분, 더 먼 곳을 바라보는 연습을 멈추지 마십시
오. 우리가 이 육신 장막을 벗는 그날, 하나님은 우리에게서
오직 '믿음'을 찾으실 것입니다. 광야의 연단을 이겨낸 정금
같은 믿음으로, 기쁘게 주 앞에 나아갈 수 있기를 간절히 소망

합니다.

광야는 아무것도 아닙니다. 끝없이 펼쳐진 광야는 우리를 더 멀리 바라보게 하여, 하나님 앞에 한 걸음 더 나아가게 하는 과정의 통로일 뿐입니다. '영적 시력'을 회복한 자들에게 광야는, 어쩌면 신기루처럼 사라질 허상에 불과할지도 모릅니다.

보이지 않는 것을 보는 법 ;
내가 변하는 기적

이 세상을 믿음의 눈으로 바라보는 사람에게는 태풍의 눈과 같은 평온함을 누릴 특권이 주어집니다. 이러한 '영적 자산'은 거친 모래바람마저 잔잔하게 만드는 힘이 있습니다. 회오리치는 태풍에 휩쓸려 산산이 부서져 가는 물적 자산과는 다른 가치를 지니기 때문입니다.

우리는 야고보서 말씀을 통해 믿음에 대한 새로운 시선을 받아들일 필요가 있습니다. 이는 우리의 구원과 직결되는 중요한 문제이기도 합니다. 믿음을 분별하는 일은, 마지막 때에 양과 염소를 구분하는 것만큼이나 선명하게 '본질'을 구분해가는 과정이기 때문입니다.

"광야는 우리 영혼에 하나님의 소유된 인장인
'스티그마'를 새기는 시간이며,
결핍의 자리를 여기치 못한 선물로 채우시는
하나닢의 세밀한 손길을 경험하는
축복의 통로입니다."

"어떤 사람은 말하기를 너는 믿음이 있고 나는 행함이 있
으니 행함이 없는 네 믿음을 내게 보이라 나는 행함으로 내
믿음을 네게 보이리라 하리라"

[야고보서 2:18]

우리의 믿음은 눈에 보이지 않기에 반드시 '평가'의 과정을 거
쳐야만 합니다. 우리가 날마다 "믿습니다!"를 외치고 또 외친
다 한들, 그 믿음을 측량할 길은 없기 때문입니다. 이로 인해
많은 신앙인이 신실함에 대해 지극히 개인적인 해석으로 잘못
된 판단을 하기도 합니다. 직분이 있으면 믿음이 있는 사람이
라 여기고, 교회에 오래 다녀 구력이 있으면 믿음이 깊으리라
짐작합니다. 성경적 색채가 가득한 언어를 유창하게 구사하는
이들을 보며 믿음이 좋다 착각하기도 합니다.

그렇다면 봉사를 많이 하고, 단기 선교에 헌신하며, 거액의
헌금을 드리고, 주일 예배에 빠짐없이 출석하는 이들에게서 반
드시 하나님을 볼 수 있어야 하지 않겠습니까? 그들의 삶이 믿
음의 증거가 되어야 하지 않겠습니까? 그러나 애석하게도 우
리는 나다나엘과 같이 그 속에 간사함이 없는 참된 신앙인을
찾아보기 힘든 시대를 살아가고 있습니다.

"예수께서 나다나엘이 자기에게 오는 것을 보시고 그를 가

리켜 이르시되 보라 이는 참으로 이스라엘 사람이라 그 속
에 간사한 것이 없도다"

[요한복음 1:47]

그러나 이쯤에서 우리가 반드시 기억해야 할 중요한 성경적 원리가 있습니다. 우리는 결코 타인을 판단하는 자의 자리에 서서는 안 된다는 점입니다. '정죄의 시선'을 거두는 것은 신앙인이 갖추어야 할 마땅한 덕목이기 때문입니다. 우리는 비판보다 먼저 긍휼함을 가져야 합니다. 사랑을 먼저 배우고, 절제와 함께 권면하는 법을 익혀야 합니다. 간음한 여인조차 정죄하지 않으셨던 예수님의 판단보다 우리의 판단이 앞설 수 없기 때문입니다.

그럼에도 우리는 지혜롭게 분별해야 합니다. 눈에 보이는 모습만으로 타인의 믿음을 판단해서는 안 되기 때문입니다. 부정적으로든 긍정적으로든, 편협한 선입견으로 인생을 재단하는 습관을 멈추십시오. 그래야 우리 스스로도 주 안에서 자유를 누릴 수 있습니다. 다윗의 고백과 같이 우리가 악인들의 마지막 모습을 보게 될 때는, 바로 '하나님의 성소에 들어갈 때'입니다. 결국 천국 문 앞에 이르렀을 때, 우리 주님은 양과 염소를 가르시듯 알곡은 모아 곳간에 들이시고, 쭉정이는 꺼지지 않는 풀무불에 던져 사르실 것이기 때문입니다.

"하나님의 성소에 들어갈 때에야 그들의 종말을 내가 깨달
았나이다 주께서 참으로 그들을 미끄러운 곳에 두시며 파
멸에 던지시니"
[시편 73:17-18]

우리의 시선은 주님의 시선과 같이 '중심'에 고정되어야 합니다.
밧세바를 범한 후 죄 가운데 고통하던 다윗을 용서하시고, 마침
내 그를 '하나님의 마음에 합한 자'로 인정해 주셨던 그 긍휼과
자비를 우리는 배워야 합니다. 그러면서도 뱀같이 지혜로워 죄
를 멀리하고, 말씀으로 분별하는 신앙의 기준을 흔들림 없이 붙
들어야 합니다.

"깨어 믿음에 굳게 서서 남자답게 강건하라"
[고린도전서 16:13]

"이 후로는 누구든지 나를 괴롭게 하지 말라 내가 내 몸에
예수의 흔적을 지니고 있노라"
[갈라디아서 6:17]

우리 영혼에는 하나님께서 남기신 흔적이 있습니다. 그 증표가

천국 문 앞에서 우리의 믿음을 증명해 줄 것입니다. '흔적'이라는 단어의 어원은 헬라어로 '스티그마($\sigma\tau\tilde{\iota}\gamma\mu\alpha$)'입니다. 이는 당시 노예나 군인의 몸에 인장으로 새긴 '소유의 표식'을 뜻합니다. 바울은 자신의 고난과 그로 인해 남겨진 흉터, 곧 몸과 마음의 상함을 단순히 수치로 여기지 않았습니다. 오히려 자신을 통해 역사를 이루어가시는 예수 그리스도께서 친히 남기신 흔적으로 삼았습니다.

그는 자신의 신분을 '로마 시민권자'에서 거룩한 '천국 시민권자'로 바뀌었음을, 영혼에 새겨진 거룩한 '흔적'으로 완벽히 승화시켰습니다.

우리는 이미 도가니에 던져졌습니다. 타는 풀무불 속에서 녹아내리고 있습니다. 불순물을 정제하느라 매일이 고통이고 아픔입니다. 그러나 우리는 하루하루 천국이 가까워지고 있음을 기억해야 합니다. 다시 말해, 지금 우리는 하나님으로부터 선택받은 자라는 분명한 '흔적'을 새기고 있는 중이기 때문입니다.

믿음은 아무나 가질 수 없는 최고의 북입니다. 우리 주변에는 "예수님이 처녀의 몸에서 태어났다는 사실만큼은 믿지 못하겠다"라거나, "아담의 이야기는 단군 신화와 같은 오래된 전설일 뿐이다"라고 말하는 이들이 많이 있습니다. 무슨 말인지 머리로는 이해가 되어도, 끝내 믿지 못하겠다는 그들을 보십시오. 때로는 술이나 담배를 끊지 못해서, 혹은 내 마음대로 살지 못할까 봐 믿음의 문턱에서 발길을 돌리는 이들도 있습니다.

여러분, 광야에서 하나님을 바라 볼 수 있는 눈을 가진 우리는 참으로 복된 사람들입니다. 아직 연약하여 눈에 보이는 대로 판단하고, 일희일비하며, 이스라엘 백성들의 죄된 습성을 반복하며 사는 인생처럼 보일지라도 믿음을 가진 우리의 걸음은 분명 천국으로 향해 있습니다. 그 삶의 방향키를 우리가 쥐고 있지 않고 하나님께서 쥐고 계시기에, 우리는 물길을 타고 유유히 그 흐름에 몸을 맡겨도 되는 안전한 방주 안에서 더욱 하나님을 신뢰하게 될 것입니다. 또한 우리를 고아와 같이 버려두지 않으시는 하나님이 계시기에, 오늘의 광야는 아픔이 아닌 소망이 되는 것입니다.

"너는 악인의 형통함을 부러워하지 말며 그와 함께 있으려고 하지도 말지어다"
[잠언 24:1]

우리는 포도나무에 붙어 있는 가지들입니다. 그 가지가 포도나무에 붙어 있는 한, 결코 버려져 불에 살라지지 않습니다. 때가 되면 반드시 순이 돋고 잎을 틔우며, 꽃이 만발한 후 풍성한 열매를 거두게 될 것입니다. 훗날 찬란한 면류관을 받아들고 찬송할 그날을 상상해 보십시오. 그저 나무에 붙어 있기만 했던 우리에게 주어지는 영원한 복은 가히 상상할 수 없는 보상이요, 가난한 심령에게 주어지는 진수성찬이 될 것입니다.

캐나다에서 교회음악을 전공하던 시절, 경제적 어려움에 시달리면서도 마음 한편에는 피아노가 있으면 좋겠다는 작은 소망이 있었습니다. 하나님께서는 그 마음을 읽으셨고, 한 성도님의 헌신을 통해 피아노를 칠 수 있는 환경을 허락해 주셨습니다. 학업을 위해 꼭 필요했던 그 결핍의 자리를, 하나님께서는 다른 믿음의 사람을 통해 아무런 대가 없이 채워주셨습니다. 포도나무 가지처럼 주님께 그저 붙어 있다가 얻은 복이라고 하기에는 너무나 넘치는 행복이었습니다. 가장 완벽한 타이밍에 주어진 하나님의 '거절할 수 없는 선물'이었음을 고백합니다.

하나님은 결코 우리의 필요를 모르시는 분이 아닙니다. 광야가 왜 더 행복할 수 있는지 그 원리는 사실 간단합니다. 광야에는 '결핍'이 있기 때문입니다. 간절히 바라던 것을 노력 없이 얻게 될 때, 우리는 하나님 앞에 이처럼 말문이 막히는 경험을 하게 됩니다.

천국은 우리의 완벽한 신앙상활의 결과로 주어지는 것이 아닙니다. 우리 중심에 담긴 본질, 즉 예수 그리스도의 '흔적'으로 확증될 뿐입니다. 이 얼마나 희망찬 메시지입니까. 아무런 대가 없이 주어지는 복의 가치가 '영원한 생명'이라면, 이 복을 거절할 사람은 단 한 사람도 없을 것입니다.

오늘의 광야에서 여러분의 '심비(心碑)'에 새겨지고 있는 하나님의 흔적이 무엇인지 발견하고, 그 뜻을 따라 사는 행복감을 누리시기 바랍니다. 바울의 고백처럼, 비록 현실에 결박된 처지일지라도 '나와 같이 되기를 원한다'라고 당당히 말할 수 있는, 그 고귀한 광야의 인생들이 다 되시기를 소망합니다.

"바울이 이르되 말이 적으나 많으나 당신뿐만 아니라 오늘
내 말을 듣는 모든 사람도 다 이렇게 결박된 것 외에는 나
와 같이 되기를 원하나이다 하니라"
[사도행전 26:29]

VINE-BRANCH CO.

광야가 멈추지 않는 이유

"그러므로 너희가 이제 여러 가지 시험으로 말미암아 잠깐 근심하게 되지 않을 수 없으나 오히려 크게 기뻐하는도다 너희 믿음의 확실함은 불로 연단하여도 없어질 금보다 더 귀하여 예수 그리스도께서 나타나실 때에 칭찬과 영광과 존귀를 얻게 할 것이니라"

멈추지 않고 흘러가는 광야 ;
나를 가장 아름답게 빚는 시간

우리 인생에 주어지는 광야는 찰나에 머물다 스러질 현상에 불과합니다. 이 거친 길을 다 통과한 뒤 마주할 우리의 믿음은, 불로 연단하여도 소멸하지 않을 금보다 귀한 가치로 남을 것입니다. 광야라는 뜨거운 제련의 시간을 견뎌낸 우리에게 하나님께서는 칭찬과 영광, 그리고 존귀라는 영원한 옷을 입혀주실 것입니다.

결국 현상으로서의 광야는 한때의 기억 너머로 사라지겠지만, 그 시간을 통과하며 우리 영혼에 깊이 각인된 '그리스도의 흔적'은 우리를 이 땅에서 건져 올려 영원한 세상으로 인도할 것입니다. 이 확실한 증표는 종말을 기다리는 우리에게 오늘의 고난을 압도하는 참된 기쁨을 선사합니다. 이는 광야의 모래바

"진정한 아름다움이란 광야를
통해 외식의 껍질을 벗고 하나
님이 설계하신 본연의 '나다움'
을 회복하는 것이며, 그 '나'를
바르게 아는 '앎'이 우리를 영원
한 안식으로 인도합니다."

람조차 넉넉히 이기게 하는 실존적 힘이 되어 줍니다.

구원에 이를 수 있는 시간은 육체에 숨이 머무는 동안에만 허락됩니다. 그렇기에 인생의 고난이 휘몰아치는 광야는 역설적이게도 '기회의 땅'이자 '생명의 땅'이 되는 것입니다. 언제라도 믿음으로 고백하고 주 예수 그리스도를 구주로 영접한다면, 우리는 곧바로 하늘의 안식을 누릴 수 있습니다. 그러므로 주님과 마주했던 그 순간의 환희를 매일의 양식으로 삼으십시오. 광야의 고통은 흐릿한 기억 너머로 흘려보내고, 오늘도 생생하게 살아있는 첫사랑의 기쁨을 꺼내어 미소 지으며 영원한 나라를 사모하십시오.

이러한 깨달음 속에 거하는 여러분의 매일은 소망으로 넘쳐날 것이며, 구원의 즐거움으로 미소 짓게 될 것입니다. 왕이 된 후 하나님의 법궤를 예루살렘으로 모셔 들일 때 춤을 추며 기뻐했던 다윗의 그 순전한 기쁨이 여러분의 것이 될 것입니다. 하나님이 영원히 나와 함께하신다는 확신은 "호산나, 나를 구원하소서!"라는 우리의 영적 승리를 견인한 승리의 외침으로 변할 것입니다.

그러나 우리가 하나님 앞에서 반드시 경계해야 할 단 한 가지는 바로 가식과 외식을 멀리하는 것입니다.

"화 있을진저 외식하는 서기관들과 바리새인들이여 회칠

한 무덤 같으니 겉으로는 아름답게 보이나 그 안에는 죽은
사람의 뼈와 모든 더러운 것이 가득하도다"

[마태복음 23:27]

'회칠한 무덤'의 비유는 하얀 석회를 덧칠해 겉은 정결하고 성
스러워 보이나, 그 본질인 내면은 생명력을 잃은 채 부패해가
는 절망적인 상태를 상징합니다. 겉은 화려하게 치장했으나 속
에는 죽은 자의 뼈가 가득했던 회칠한 무덤의 형상이 바로 당
시 바리새인들의 모습이었습니다. 예수님께서는 그들을 향해
'독사의 자식들'이라는 단호한 심판의 언어를 던지시며, 외식
과 가식이 창조주를 기만하는 얼마나 치명적인 죄악인지를 우
리에게 경고하셨습니다. 이는 중심을 보시는 하나님께서 요한
계시록 말씀을 통해 거짓으로 행하는 자들에게 내리신 엄중한
경고와 그 결이 같습니다.

"그러나 두려워하는 자들과 믿지 아니하는 자들과 흉악한
자들과 살인자들과 음행하는 자들과 점술가들과 우상 숭
배자들과 거짓말하는 모든 자들은 불과 유황으로 타는 못
에 던져지리니 이것이 둘째 사망이라"

[요한계시록 21:8]

이 거룩한 분노는 실제적인 행동으로 드러납니다. 공생애를 시작하신 주님께서 예루살렘 입성 직후, 곧장 성전으로 향하셨습니다. 종려나무 가지를 흔들며 환호하던 인파를 뒤로하고 마주한 성전의 실상은 참담했습니다. '기도하는 집'이어야 할 거룩한 처소가 탐욕에 찌든 장사꾼들의 소굴로 변해 있었기 때문입니다. 예수님께서는 하나님의 성전을 더럽힌 이들을 향해 망설임 없이 채찍을 휘두르셨고, 그렇게 성전을 정화하셨습니다. 이는 외식과 탐욕으로 오염된 우리 내면을 향해 휘두르신 채찍이기도 합니다.

"노끈으로 채찍을 만드사 양이나 소를 다 성전에서 내쫓으
시고 돈 바꾸는 사람들의 돈을 쏟으시며 상을 엎으시고"
[요한복음 2:15]

그러므로 우리는 중심을 살피시는 하나님의 신실한 성품을 바르게 알아야 합니다. 회칠한 무덤과 같은 외식의 모습이 아닌, 가슴을 치며 엎드리는 겸손한 자의 회개를 기쁘게 여기시는 아버지 마음을 깨달아야 합니다. 하나님이 원하시는 것은 종교적 행위가 아니라, 상한 심령이기 때문입니다.

"세리는 멀리 서서 감히 눈을 들어 하늘을 쳐다보지도 못

우리가 하나님 앞에서 취해야 할 바른 자세는 일주일에 두 번
씩 금식한다는 바리새인의 자랑 섞인 교만이 아닙니다. 오히려
자신이 죄인임을 처절하게 통감하며 머리를 숙였던 세리처럼
하나님 앞에 납작 엎드리는 것입니다.

주님은 마지막 날에 우리를 구원하실 분이십니다. '죄인'을 구
원하신다는 뜻이기도 합니다. 그러므로 우리가 스스로를 의롭
다 여기는 순간, 주님은 우리에게 더 이상 필요치 않은 분이 되
고 맙니다. 광야를 걸으며 나의 죄인 된 본성을 처절하게 깨달
아 가는 과정은 육체에는 고통일지언정, 우리 영혼에는 가장
소중한 소망의 빛이 됩니다. 그렇게 낮은 곳에 엎드린 우리에
게 주님은 참 의원으로 찾아오셔서, 우리의 상처를 싸매어 주
시고 흐르는 눈물을 닦아 주실 것입니다.

‘아름답다’는 말은 가장 ‘나(我)’답다는 뜻입니다. ‘아름’의 어원이 ‘나’를 뜻한다는 점을 상고해 보면, 참된 아름다움이란 ‘나’라는 본질에 ‘답다’라는 가치가 더해진 말임을 알 수 있습니다.

또한 ‘알다(知)’의 명사형인 ‘앎’이 ‘아름’으로 변모했다는 해석은 우리에게 깊은 영적 통찰을 줍니다. 이는 곧 진정한 자기 본연의 모습을 회복하고 그 모습을 바르게 알게 되었을 때, 비로소 진정한 아름다움이 발현된다는 의미를 내포합니다. 결국 세상을 바로 알고, 또 자기 자신을 바르게 직면할 줄 아는 가장 지혜로운 영혼의 상태가 ‘아름다움’이라는 표현으로 형상화되는 것입니다.

그러므로 하나님 앞에 선 우리의 모습이 이토록 아름다울 수 있기를 바랍니다. 완벽한 피조물로서 창조주께 온전히 의지하며 깊은 평안을 누리는 것, 즉 본연의 ‘나다움’을 회복하는 역사가 여러분의 심령 가운데 일어나길 간절히 소망합니다. 하나님이 설계하신 원래의 ‘나’로 돌아가는 것, 그것이야말로 참된 안식으로 들어가는 유일한 열쇠입니다.

주님과 함께할 그날의 영원한 기쁨을 누리기 위해 오늘의 광야가 반드시 거쳐야 할 ‘필요충분조건’이라면, 우리 조금 더 초연히 이 순간을 지나가 봅시다. 마침내 우리가 가 닿을 그곳은 우리의 아버지이신 하나님이 통치하시는 나라, 영원한 본향인 ‘천국’이기 때문입니다.

VINE-BRANCH CO.

고난도 기쁨이 되는 광야 ;
'아름'다움이 소망을 이루는 시간

하나님의 말씀은 살아 있는 '실재(Reality)'입니다. 이 말씀은 좌우에 날 선 어떤 검보다도 예리하여, 우리의 혼과 영, 나아가 관절과 골수까지 찔러 쪼갭니다.

보편적 진리인 기록된 말씀, 곧 '로고스(Logos)'는 고난이라는 물리적 현상을 통과할 때 비로소 내 삶을 꿰뚫는 하나님의 생생한 음성인 '레마(Rhema)'로 우뚝 서게 됩니다. 하나님의 말씀은 단순히 종이 위에 기록된 문자가 아닙니다. 지금 이 순간에도 우리 삶의 현장에서 섭리하고 계신 살아 있는 실존이기 때문입니다.

"하나님의 말씀은 살아 있고 활력이 있어 좌우에 날 선 어

"기록된 '말씀(로고스)'이 고난의 현장을 통과할 때
비로소 살아 있는 '말씀(레마)'으로 우뚝 서며, 말씀
의 나침반을 따라 하나님 앞에 설 때 광야는 비로소
소망이 됩니다."

떤 검보다도 예리하여 혼과 영과 및 관절과 골수를 찔러 쪼
개기까지 하며 또 마음의 생각과 뜻을 판단하나니"

[히브리서 4:12]

우리의 삶이 평온을 찾고 소망을 풍성히 누리는 정도는, 우리가
하늘을 사모하는 열정과 비례합니다. 그리고 이 풍성함의 문을
여는 열쇠는 오늘날 우리 모두의 손에 들려 있습니다. 하나님의
말씀이 기록된 '성경'이 바로 그것입니다. 성경은 인류 역사상
가장 사랑받는 베스트셀러이자 스테디셀러로 존재하며 그 가치
를 증명해 왔습니다.

실제로 인류가 역사의 기원을 그리스도의 탄생을 기점으로
B.C.(Before Christ)와 A.D.(Anno Domini)로 나누는 데 이견
이 없음은 상징하는 바가 큽니다. 이는 무의식중에라도 모든
인류가 예수 그리스도를 실존적 인물로서 역사의 중심이자 하
나님의 아들로 인정하고 있음을 방증하는 것이기도 합니다.

그러므로 평생 하나님의 집에 살면서 하나님의 '아름'다움을
사모하는 그 한 가지 일을, 우리는 이 광야를 지나는 동안 끊임
없이 갈망해야 합니다. 우리 영혼이 영원히 안식할 본향에 대
한 소망이, 척박한 광야의 한복판에 서 있는 오늘의 우리를 다
시금 웃게 할 것이기 때문입니다.

“내가 여호와께 바라는 한 가지 일 그것을 구하리니 곧 내
가 내 평생에 여호와의 집에 살면서 여호와의 아름다움을
바라보며 그의 성전에서 사모하는 그것이라”

[시편 27:4]

성경에는 하나님의 마음을 온전히 깨닫게 하고, 진리의 참뜻을
분별하게 하는 하늘의 지혜가 가득합니다. 예수님께서는 예배
의 처소를 묻는 사마리아 여인에게 장소의 문제를 넘어 영원히
목마르지 않는 '생수'의 신비를 들려주셨습니다. 그리고 그 생
수가 바로 길이요 진리요 생명이신 '예수 그리스도' 당신임을
밝히 드러내셨습니다.

“예수께서 대답하여 이르시되 이 물을 마시는 자마다 다시
목마르려니와 내가 주는 물을 마시는 자는 영원히 목마르
지 아니하리니 내가 주는 물은 그 속에서 영생하도록 솟아
나는 샘물이 되리라”

[요한복음 4:13-14]

“예수께서 이르시되 나의 양식은 나를 보내신 이의 뜻을
행하며 그의 일을 온전히 이루는 이것이니라”

[요한복음 4:34]

또한 진리를 아는 것이야말로 우리가 힘써야 할 유일한 일임을
깨닫게 하셨습니다. 제자들이 "우리가 어떻게 하여야 주의 일
을 하리이까"라고 물었을 때, 예수님께서는 명확히 답하셨습
니다.

"예수께서 대답하여 이르시되 하나님께서 보내신 이를 믿
는 것이 하나님의 일이니라 하시니"
[요한복음 6:29]

하나님의 일은 거창한 종교적 행위에 있는 것이 아니라, 하나
님께서 보내신 이를 '믿는 것'에 있습니다. 구원의 조건은 노력
이 아닌 하나님을 바르게 아는 것에 있음을 분명히 하신 것입
니다. 우리는 이 말씀을 영혼의 심비에 새겨야 합니다. 결국 우
리를 살리는 것은 실존으로 다가오시는 하나님의 말씀, 곧 '예
수 그리스도'이시기 때문입니다. 살아 역사하시는 그 말씀은
오늘도 광야 같은 우리 삶의 유일한 나침반이 되어 길을 인도
하고 계십니다.
　청년의 뜨거운 열정으로 하나님을 신뢰하며 열심으로 봉사
하던 때가 있었습니다. 어느 날 교회 앞마당에서 우연히 마주
친 한 성도님의 말씀은 제게 큰 도전이 되었습니다. "신앙인이

라면 최소한 성경을 자기 나이만큼은 읽어야하지 않겠느냐"는 한 마디였습니다. 무심히 스친 그 말은 오늘도 저의 가슴속에 깊이 박혀있습니다.

그해 2월 4일, 저는 신약성경 뒷장어 1부터 20까지 숫자를 적어 넣고 1년간의 통독 목표를 세웠습니다. 신구약 전체를 읽기엔 부담이 컸기에, 신약성경만이라도 완독하기로 마음을 먹었습니다. 시간은 빠르게 흘러갔고 연말이 다가오자, 미처 채우지 못한 횟수를 보며 스스로를 자책하기도 했습니다. 결국 그렇게 하나님과의 약속을 지키지 못하고 무기력하게 1월을 맞았습니다. 그러나 그대로 포기할 수는 없었습니다. 부족하더라도 유종의 미를 거두자는 마음으로 다시 성경을 읽기 시작했고, 2월 3일 저녁, 마지막 '20'이라는 숫자 위에 동그라미를 칠 수 있었습니다. 그리고 그 밤에 하나님께 기도를 드렸습니다.

"하나님, 약속의 기간을 온전히 지키지는 못했지만, 그래도 끝까지 포기하지 않을 수 있게 해주셔서 감사합니다."

그러나 기적은 예기치 못한 곳에 있었습니다. 기도를 마친 후, 성경 읽기 계획을 세웠던 날의 일기를 들춰보던 저는 온몸에 소름이 돋는 전율을 느꼈습니다. 일기를 기록한 날이 2월 4일이었음을 발견한 것입니다. 약속한 성경의 분량을 다 읽고 책을 덮은 날이 2월 3일 저녁이었으니, 꼭 1년 만에 하나님과의 약속을 지킨 셈이었습니다. 만일 1년이라는 약속의 시간을 막연히 '올해'라고 생각하고 12월 31일 이후 성경 읽기를 포기했더라면 결코 누리지 못했을, 참으로 밝고 맑은 수정처럼 순수했던 젊은 청년의 기쁨이었습니다.

이 일은 저의 온 인생을 붙드신 하나님의 신실한 응답이었습니다. 이후로도 '나이만큼은 성경을 읽자'는 마음으로 그 다짐을 삶의 지표로 삼게 되었고, 그해 하나님의 말씀에 빠져 지내면서 얻게 된 한 개인의 영적 무게는 말씀의 위력에 대한 당당한 고백을 할 수 있는 가장 강력한 간증이 되었습니다.

하나님의 말씀은 우리의 생명처럼 소중합니다. 그 말씀은 우리를 세우고, 붙들고, 인도합니다. 말씀은 살아 있고, 절대 변하지 않습니다. 성령은 우리 안에서 바로 그 말씀을 중보하시는 또 다른 보혜사이시며, 소멸하지 않는 불이십니다.

말씀을 통해 하나님을 만나시기 바랍니다. 말씀은 우리를 모든 환난으로부터 견디게 하여 인내를 이루게 하실 것입니다. 그 인내는 우리를 연단할 것이고, 마침내 우리로 하여금 흔들리지 않는 소망을 이루게 할 것입니다. 이것은 하나님의 위대한 약속의 말씀이기 때문입니다.

"다만 이뿐 아니라 우리가 환난 중에도 즐거워하나니 이는

환난은 인내를, 인내는 연단을, 연단은 소망을 이루는 줄
앎이로다"

[로마서 5:3-4]

광야에서 길을 잃지 않는 법은 오직 말씀을 붙드는 것입니다.
말씀은 거친 광야를 지나고 있는 우리 본연의 모습을 직면하게
하며, 주님 발 앞에 겸손히 엎드리게 합니다.

우리 주님께서 가장 사랑하시는 그 본연의 모습으로, 하늘을
사모하며 삽시다. 언제나 하나님께서 하나님다우심으로 당신
의 신실함을 증거 삼으시듯, 우리 또한 가장 나다운 모습으로
하나님 앞에 설 수 있기를 간절히 소망합니다.

세상에서 가장 아름다운 광야

"그러므로 우리가 낙심하지 아니하노니 우리의 겉사람은 낡아지나 우리의 속사람은 날로 새로워지도다 우리가 잠시 받는 환난의 경한 것이 지극히 크고 영원한 영광의 중한 것을 우리에게 이루게 함이니"

창조주, 영원한 나의 아버지 ;
비로소 만나는 '여호와 이레'

우리 하나님은 천지의 주재이시며 만물을 지으신 창조주이시고, 우리의 아버지이십니다. 하나님은 우리를 '종의 신분'으로가 아니라 '아들의 신분'으로 자격을 격상시켜 구원에 이르게 하실 것입니다. 하나님께서 친히 우리의 아버지가 되어 주셨기 때문입니다. 이 자명한 사실은 그분을 믿고 의지하며 광야를 걷고 있는 우리에게 더할 나위 없는 복음입니다.

예수님께서는 우리를 형제요 자매라 칭해주신 분이십니다. 또한, 친구를 위하여 목숨을 버리는 것이 가장 '큰 사랑'이라 말씀하시며 우리를 '친구'라 정의하셨습니다.

"사람이 친구를 위하여 자기 목숨을 버리면 이보다 더 큰

"광야는 우리의 소중한 '이삭'
을 빼앗기는 상실의 자리가 아
니라, 수풀 사이에 매여 있는
예수 그리스도를 발견하며 '여
호와 이레'의 완벽한 사랑을 확
증하는 축복의 제단입니다."

사랑이 없나니 너희는 내가 명하는 대로 행하면 곧 나의 친
구라"

[요한복음 15:13-14]

주님의 이러한 선포는 참으로 진리입니다. 이 얼마나 귀하고
복된 소식입니까. 겨자씨 만 한 믿음만 가져도, 그저 가지로서
포도나무에 붙어 있기만 해도, 주님은 당신의 목숨보다 우리를
아끼시며 끝까지 책임져 주시겠다 약속하셨습니다. 정말이지
이보다 더 큰 사랑은 세상 그 어디에도 없을 것입니다.

　우리는 하나님의 사랑으로 지음 받은 피조물들입니다. 천지
를 창조하신 하나님께서는 마음에 흡족한 세상을 만드셨고, 우
리로 하여금 그 세상을 누리고 다스리게 하시려고 가장 마지막
날에 인간을 창조하셨습니다. 지으신 모든 것을 보시며 심히
기쁘게 여기신 하나님은 그 만족을 충만히 누리며 안식하셨습
니다. 오늘날 우리가 그 안식을 기념하고 예수 그리스도의 부
활을 기억하기 위해, 안식 후 첫날인 '주일'을 지키며 예배를
드리는 것입니다.

　아담의 죄로 죽을 수밖에 없는 우리에게 참 친구이신 예수
그리스도를 보내주셔서, 그 목숨을 담보로 우리에게 살길을
마련해 주셨습니다. 주님은 부활하셔서 맏형으로서 첫 열매
가 되셨고, 지금도 형제요 자매인 우리를 위해 처소를 준비하

고 계십니다. 이 놀라운 사랑을 어찌 말로 다 할 수 있을까요.

하나님께서는 거룩하시기에 우리의 믿음이 아브라함처럼 의롭다 인정받을 수 있도록, 우리 각자의 '이삭'을 바치라고 하십니다. 횃불을 들고 등에 짐을 진 채 산을 오르는 그 과정은 우리에게 광야일 수밖에 없으며, 정상에 오른 후에도 의지를 꺾지 않고 나의 이삭을 결박하여 스스로 쌓아 올린 제단 위에 올려놓기까지 다시 없을 고통을 경험하게 합니다.

하지만 그 내려놓음이 끝이 아닙니다. 이제는 손에 든 칼로 각자의 '이삭'들을 각 뜨고, 제단 위에 올려놓은 제물을 모두 태워 사를 차례입니다.

> "하나님이 그에게 지시하신 곳에 이른지라 이에 아브라함
> 이 그곳에 단을 쌓고 나무를 벌여놓고 그 아들 이삭을 결박
> 하여 단 나무 위에 놓고 손을 내밀어 칼을 잡고 그 아들을
> 잡으려 하더니"
>
> [창세기 22:9-10]

이 결단은 우리의 거룩한 고백이자 항복의 외침이며, 끝까지 하나님을 의지하겠다는 믿음의 결정체입니다. 그럴 때 우리는 비로소 하나님으로부터 의롭다 칭함을 받게 됩니다.

그러나 하나님의 무한한 사랑은, 칼을 들어 이삭을 내리치기

직전 우리를 향한 다급한 부름으로 다가옵니다. 하나님께서는
수풀 사이에 이미 예수 그리스도를 매어 두셨기 때문입니다.
우리의 중심을 보시는 하나님은 결단코 우리의 소중한 것들을
빼앗아가시는 분이 아닙니다. 다만 그 마음을 확인하셔야만 하
는 이유는 하나님이 거룩하시기 때문이며, 거룩함이 없이는 우
리가 하나님을 볼 수 없기 때문입니다.

"여호와의 사자가 하늘에서부터 그를 불러 가라사대 아브
라함아 아브라함아 하시는지라 아브라함이 가로되 내가
여기 있나이다 하매 사자가 가라사대 그 아이에게 네 손을
대지 말라 아무 일도 그에게 하지 말라 네가 네 아들 네 독
자라도 내게 아끼지 아니하였으니 내가 이제야 네가 하나
님을 경외하는 줄을 아노라"
[창세기 22:11-12]

언제나 감당할 시험만을 허락하시고 늘 피할 길을 예비하시는
하나님은, 역시나 우리의 구원을 이루시기 위해 독생하신 예수
님을 우리 죄를 대신할 제물로 예비하셨습니다. 우리 하나님은
'여호와 이레'이십니다.

"아브라함이 눈을 들어 살펴본즉 한 숫양이 뒤에 있는데

뿔이 수풀에 걸렸는지라 아브라함이 가서 그 숫양을 가져
다가 아들을 대신하여 번제로 드렸더라 아브라함이 그 땅
이름을 여호와 이레라 하였으므로 오늘까지 사람들이 이
르기를 여호와의 산에서 준비되리라 하더라”

[창세기 22:13-14]

이 얼마나 고귀한 사랑의 완성입니까. 죄의 사슬을 끊으시려고
아담의 계보에서 나지 않으시고 처녀의 몸에 잉태되어, 모든
인류의 죄를 단번에 담당하신 주님을 우리가 어찌 사랑하지 않
을 수 있습니까. 유일하게 죄가 없으신 '인자', 영원한 왕이신
예수 그리스도를 우리가 어찌 사랑하지 않을 수 있겠습니까.

우리의 광야는 새 하늘과 새 땅을 소망하게 하며, 우리의 옛
자아를 기꺼이 버리게 해주는 '세상에서 가장 아름다운 곳'입
니다.

광야에는 오아시스가 있고, 때를 따라 내리는 이른 비와 늦
은 비가 있어 순간 사막이 바다가 되기도 하고 꽃밭이 되기도
합니다. 광야는 우리의 본향인 천국을 바라보게 하는 눈을 열
어줍니다. 우리 주님께서 예비하고 계신 하늘 처소를 상상하
며, 그 영광을 미리 맛보아 알게 합니다.

“내가 헐벗은 산에 강을 내며 골짜기 가운데서 샘이 솟게

하며 광야를 못이 되게 하며 마른 땅을 샘 근원이 되게 할
것이며 내가 광야에는 백향목과 아카시아와 화석류와 돌
감람나무를 심고 사막에는 잣나무와 소나무와 황양목을
함께 두리니"

[이사야 41:18-19]

하나님께서는 하늘의 법칙을 이 땅에 베풀어 두셨습니다. 또한
광야를 걷는 모든 이들과 아직 예수 그리스도를 모르는 잃어버
린 양들을 위해서도 은혜를 예비하셨습니다. 그것이 바로 '보편
적 은총'으로서 우리 모두에게 주어진 만물, 곧 천지창조의 터
인 '피조물의 세계'입니다.

　나아가 믿는 자에게는 이 땅에서 매는 것이 하늘에서도 매이
게 하는 권세를 주셨습니다. 이는 장차 우리가 면류관을 받아
쓰고, 주께서 예비하신 집에서 상 받게 하시려는 것입니다.

　광야는 헛헛하고 쓸쓸하게 지나는 곳이 아닙니다. 그곳에서
맺어가는 우리의 고통과 눈물의 열매들은, 단 하나도 버려지지
않고 하늘의 상급으로 소중히 쌓여가고 있음을 기억합시다. 믿
음이 흔들릴 때면 노아와 같이 눈을 들어 하늘을 바라봅시다.
갈대상자에 몸을 맡기고 주님이 이끄실 역사의 강물 위를 유유
히 흘러갑시다. 하나님은 우리 아버지이십니다.

"태초에 하나님이 천지를 창조하시니라 땅이 혼돈하고 공
허하며 흑암이 깊음 위에 있고 하나님의 신은 수면에 운행
하시니라 하나님이 가라사대 빛이 있으라 하시매 빛이 있
었고 그 빛이 하나님의 보시기에 좋았더라 하나님이 빛과
어두움을 나누사"

[창세기 1:1-4]

흑암이 깊음 위에 있고 모든 것이 혼돈에 싸여 있던 그때에도,
하나님은 수면 위를 운행하고 계셨습니다. 하나님 아버지는 이
미 모든 것을 계획하셨고, 그 구상을 마치셨을 때 하나님의 위
엄을 거대한 굉음처럼 발하셨습니다.

"빛이 있으라!" 할렐루야!

광야의 고통이 새겨놓은 '나이테' ;
영원한 찬송이 시작되는 곳

그 마음에 시온의 대로를 얻은 자들은 복이 있습니다. 눈물 골짜기를 지나갈지라도, 곳곳에 예비된 샘들이 있어 목을 축이고 때를 따라 내리는 이른 비의 복을 누리게 될 것입니다. 이렇듯 세심한 하나님의 사랑으로 배를 채우고 나면, 우리는 새 힘을 얻고 다시 저 멀리 보이는 시온성으로 힘찬 발걸음을 내딛게 됩니다.

"주께 힘을 얻고 그 마음에 시온의 대로가 있는 자는 복이 있나이다 그들이 눈물 골짜기로 지나갈 때에 그곳에 많은 샘이 있을 것이며 이른 비가 복을 채워 주나이다 그들은 힘을 얻고 더 얻어 나아가 시온에서 하나님 앞에 각기 나타나

"광야의 모진 비바람은 우리 영혼에 아름다운 '나이테'
를 새기며, 그 흔적들은 마침내 우리를 지으신 목적 그
대로 영원한 찬송이 되어 하늘에 닿을 것입니다."

리로다"

[시편 84:5-7]

우리를 향한 하나님의 본심은 고난이 아니라 미래와 희망을 주
는 것이며, 우리로 영원한 찬송을 부르게 하시는 데 있기 때문
입니다.

"이 백성은 내가 나를 위하여 지었나니 나를 찬송하게 하
려 함이니라"
[이사야43:21]

우리는 하나님께서 하나님 자신을 위하여 지으신 존재들입니
다. 그러므로 한 영혼이라도 더 구원에 이르게 하시려는 하나
님의 극진한 마음을 헤아려 보시기 바랍니다. 천하보다 귀히
여기시는 그 '한 영혼'은 다른 누구도 아닌, 바로 우리 자신이
기 때문입니다.

　주님은 오늘이라도 재림하실 수 있지만, 우리를 대하여 오래
참으시는 이유는 아무도 멸망하지 않기를 바라시기 때문입니
다. 광야의 시간을 지나더라도 회개를 통한 죄 사함의 은혜를
경험하고, 거듭난 감격으로 영원을 바라보게 하시려는 배려입
니다.

하나님의 형상을 따라 그 모양대로 지음 받은 우리가, 그리스도의 신부로 거룩히 구별되기를 기다리고 계시는 것입니다.

<blockquote>
"주의 약속은 어떤 이들이 더디다고 생각하는 것 같이 더딘 것이 아니라 오직 주께서는 너희를 대하여 오래 참으사 아무도 멸망하지 아니하고 다 회개하기에 이르기를 원하시느니라"

[베드로후서 3:9]
</blockquote>

그러니 광야에 내리쬐는 뜨거운 태양을 원망하기보다, 그 속에 담긴 주님의 온기를 더 깊이 느껴보시기 바랍니다. 죽을 것만 같은 그때, 저 멀리 보이는 오아시스는 우리가 넘어지더라도 완전히 엎드러지지 않도록 붙들어 줄 것입니다.

막막한 광야에서 갈 길을 잃었다면 하늘을 바라보시고, 타는 갈증으로 괴로울 때는 결코 늦은 적 없는 이른 비를 잠잠히 기다려 보십시오. 모진 비바람을 견디며 몸통에 새겨진 나이테처럼, 이 모든 만남과 경험의 흔적들이 우리 영혼에 새겨진 아름다운 무늬가 될 것입니다. 천국 문 앞에서 우리를 맞이하실 주님은 우리에게 흰 세마포를 입히시고, 영원한 찬송을 부르는 자리로 인도하여 주실 것입니다.

언젠가 꾸었던 꿈이 생각납니다. 성가대에서 빛나는 가운을 입고 아름다운 소리로 찬송을 부르다가 하늘로 들려 올라가는 꿈이었습니다. 그 꿈이 오늘도 제 안에서 생생히 기억되는 것은, 주님 다시 오실 그날의 감격을 간접적으로나마 경험하게 하신 특별한 체험이었기 때문입니다.

우리가 장차 부르게 될 찬송은 단순한 노래가 아닙니다. 그것은 하나님이 우리를 지으신 목적 그대로, 우리가 마땅히 할 일입니다. 우리는 영원히 하나님의 영광을 찬양할 자들로 지음받았습니다. 그러므로 우리가 지나는 광야는, 훗날 구원받은 우리 영혼의 거짓 없는 참된 고백으로 하나님 앞에 올려지게 될 것입니다. 광야를 지나며 하나님의 사랑과 은혜를 온전히 경험한 하나님의 아들, 딸로서, 아버지께 감사와 존귀와 영광과 위엄을 전심으로 노래하게 될 것입니다.

여러분, 이제 주변을 한 번 둘러보십시오. 오늘 우리가 하나님 앞에 드릴 감사와 그 복을 하나하나 세어보십시오. 하늘을 두루마리 삼고 바다를 먹물 삼아도, 그 은혜는 다 기록할 수 없을 것입니다.

그러니 "이런 일 다 할 수 있나" 물으시는 아버지께 용감한 자 바울처럼, "죽기까지 따르오리" 선뜻 대답하십시오. 이 고백이야말로, 우리 앞에 펼쳐진 거친 광야를 세상에서 가장 아름다운 곳으로 바라보게 해 줄 것입니다.

VINE-BRANCH CO.

광야의 끝

(시편 23:1)

"여호와는 나의 목자시니 내게 부족함이 없으리로다"

광야에 베풀어 두신 사랑 1 ;
푸른 초장과 쉴만한 물가

하나님 아버지께서는 광야의 드넓은 벌판 위에 당신의 사랑을 펼쳐 놓으셨습니다. 때를 따라 마주하는 샘물과 오아시스, 메마른 땅을 적시는 단비, 그리고 광야의 끝을 소망하게 하는 수평선과 같은 지평선이 바로 그것입니다. 그 지평선은 우리 주님께서 기다리고 계시는 '영광의 경계선'입니다.

실제로 사막은 순식간에 바다처럼 물에 잠기기도 하고, 꽃이 만발했다가도 하루아침에 신기루처럼 사라져 다시 황량한 사막으로 돌아가곤 합니다. 이처럼 잠시 잠깐이지만 이 땅에서 하늘을 맛본 성도들은 영원한 천국을 더욱 갈망하게 됩니다. 주님은 이 땅의 삶이 우리 인생의 최종 목적지가 아님을, 광야의 변화무쌍함 속에서도 매 순간 일깨워 주고 계십니다.

"광야의 푸른 초장은 육안으로는 보이지 않는 숨겨진
생명의 순이며, 선한 목자이신 주님의 눈을 의지할 때만
발견할 수 있는 영혼의 양식입니다."

시편 23편은 목자 되신 우리 주님께서 우리를 어떻게 인도하고 계시는지, 우리에게 무엇을 허락하려 하시는지를 알게 해 줍니다. 주님이 나의 목자가 되어 주셨음을 깨닫는다면, 우리에게 더 이상 부족함이 없다는 사실 또한 알게 될 것입니다.

광야는 본래 그늘이 없는 곳입니다. 잎이 작고 얇아 가지만 앙상해 보이는 나무들이 듬성듬성 서 있지만, 그 나무들은 광야의 뜨거운 햇빛을 가릴 그늘을 만들어 주지 못합니다. 가시덤불 같은 것들이 마른 바람에 이리저리 굴러다니지만, 그것들 역시 우리에게 쉴 곳을 마련해 주지는 못합니다.

그러나 우리 주님은 마른 사막을 푸른 초장이 되게 하시고, 그곳에 우리를 누여 쉬게 하시며 친히 그늘이 되어 주시는 분이십니다. 사막 한가운데에서도 우리 영혼을 소생하게 하시고 의의 길로 인도하십니다. 이는 하나님의 이름을 위한 일이기 때문입니다. 한 영혼을 천하보다 귀히 여기시고, 단 한 영혼도 멸망하지 않기를 바라시는 아버지의 마음을 우리 주님은 누구보다 잘 아시기 때문입니다.

“그가 나를 푸른 초장에 누이시며 쉴만한 물 가으로 인도하시는도다 내 영혼을 소생시키시고 자기 이름을 위하여 의의 길로 인도하시는도다”
[시편 23:2-3]

이스라엘 광야의 목자들에게는 양 무리를 푸른 초장으로 인도해야 할 막중한 임무가 있습니다. 광야에서 먹이를 충분히 섭취하지 못한 양들은 금세 기력을 잃고 병들기 때문입니다. 목자는 눈에 잘 보이지도 않는 꼴을 찾아 길을 떠납니다. 땅속 깊이 뿌리를 박고 이제 막 돋아난 작은 순들이 있는 곳으로 양을 이끌어야 합니다.

저는 이스라엘 성지순례를 하며 시편 23편의 참뜻을 새롭게 깨닫게 되었습니다. 광활한 광야 위, 성경이 말하는 '푸른 풀밭'의 실상을 두 눈으로 확인했을 때의 놀라움을 잊을 수 없습니다. 가이드는 분명 그곳이 양들을 먹일 꼴이 가득한 곳이라 설명했지만, 제 눈으로는 결코 구분이 불가능한 광야와 똑같은 허허벌판이었기 때문입니다.

그러나 목자는 꼴을 찾는 전문가입니다. 양이 먹기에 적합한 연하고 작은 순들이 가득한 곳을 찾아냅니다. 그 순들은 조금만 더 자라나면 뜨거운 태양 빛 아래서 바짝 말라버려 양들이 먹을 수 없기 때문입니다. 그렇게 광야 한가운데에서 숨겨진 꼴을 찾아 양들을 풀어놓으면, 양들은 한동안 배를 불릴 수 있습니다. 다음 꼴을 찾기까지 또 시간이 걸리겠지만, 선한 목자이신 우리 주님은 언제나 브족함 없이 우리에게 꼴을 제공하시는 분입니다. 이는 이스라엘 백성들을 먹이셨던 매일의 만나와 같은 생명의 양식입니다.

주님이 우리의 목자가 되어 주셨기에, 광야를 지나는 우리 인생에는 늘 꼴이 풍족할 것입니다. 잠시 배고픔이 있을 수는 있지만, 그 허기가 다하기 전에 또 다른 꼴이 가득한 넓고 푸른 초장으로 우리를 인도하셔서 다시금 배를 불리게 해 주실 것입니다.

VINE-BRANCH CO.

광야에 베풀어 두신 사랑 2 ;
주의 지팡이와 막대기

광야는 주님이 함께하시는 곳이지만, 여전히 세상 권세 잡은
자의 터전인 이곳에는 여우도, 사자도 있습니다. 야생의 현장
인 광야에서 어린 양들은 자칫 맹수들에게 위협을 당하기도
합니다. 그러나 우리 주님의 손에는 지팡이와 막대기가 들려
있음을 기억하십시오.

"내가 사망의 음침한 골짜기로 다닐찌라도 해를 두려워하
지 않을 것은 주께서 나와 함께 하심이라 주의 지팡이와 막
대기가 나를 안위하시나이다"

[시편 23:4]

"주님의 지팡이와 막대기는 길 잃은 우리를
품으시는 세밀한 사랑입니다. 주님의 인도하
심이 있기에 우리는 원수의 목전에서도 주님
이 베푸신 상을 누릴 수 있습니다."

우리의 푸른 초장을 단숨에 아수라장으로 만드는 야수들의 공격 앞에서도, 주님의 손에 들린 지팡이와 막대기는 우리의 생명을 지키실 뿐만 아니라 광야 한복판에 차려진 진수성찬을 끝까지 지켜주실 것입니다. 시편 23편에서 말하는 '상(床)'은 'Table,' 곧 우리가 마주 앉아 먹는 밥상을 의미합니다. 주님은 원수의 목전에서도 당신이 베푸신 밥상 앞에 우리를 편안히 앉히시고 안위하실 것입니다. 주님은 '선한 목자'이시기 때문입니다.

"주께서 내 원수의 목전에서 내게 상을 베푸시고 기름으로
내 머리에 바르셨으니 내 잔이 넘치나이다"
[시편 23:5]

양들은 바위틈이나 가시덤불 사이에서 꼴을 뜯어 먹다가 얼굴과 코 주변에 많은 상처를 입곤 합니다. 특히 더운 여름철에는 파리들이 들끓어 콧속에 알을 낳기도 하는데, 이는 양을 죽음에까지 이르게 하는 치명적인 위협이 됩니다. 이때 머리와 코에 바르는 올리브유와 같은 기름은 살균과 소독 효과가 있는 천연 연고가 되어 상처를 치유할 뿐만 아니라, 양들의 생명을 위협하는 파리떼가 꼬이는 것을 막아줍니다.

또한, 목축의 현장에서 사용되는 막대기는 우리가 흔히 생각

하는 가느다란 나뭇가지가 아닙니다. 목자의 허리춤에 차고 다니는 약 60~90cm 길이의 매우 단단한 몽둥이입니다. 나무뿌리의 혹 부분을 깎아 만들어 끝이 뭉툭하고 묵직한, 무기에 가까운 도구입니다. 이 막대기는 광야에서 꼴을 먹는 양들을 습격하는 사나운 맹수들을 단번에 제압하고 물리칠 때 사용합니다.

이스라엘 광야에서 양을 키우는 목자들에게는 양무리를 이끄는 동안 밤낮없이 그들을 보호해야 하는 임무도 있습니다. 지팡이는 우리가 보통 알고 있는 끝이 구부러져 양의 목이나 몸통에 걸기에 적합한 조금 더 큰 막대기입니다. 사람의 키만한 혹은 그보다 조금 큰 길이로 목자가 광야를 걸으면서 몸을 지탱하는 데 쓰이기도 합니다. 지팡이는 양이 구덩이에 빠지거나 험한 산 중턱에서 중심을 잃을 때 일으켜 세우는 도구이며, 시력이 약해 앞을 잘 못 보는 양들을 안심시키는 도구이기도 합니다.

선한 목자이신 우리 주님의 손에 들린 지팡이와 막대기는, 우리 영혼의 안식과 평안을 지키며 우리 삶을 보호하시는 하나님의 사랑의 도구이자 반드시 필요한 장치입니다.

우리의 삶이 광야이고 사망의 음침한 골짜기일지라도 무서워하지 맙시다. 주님이 우리와 함께 계시니 눈앞에 닥친 해를 두려워하지 맙시다. 주님의 손에 들린 지팡이와 막대기가 우리

를 안위할 것이며, 야생의 현장에서 시도 때도 없이 달려드는
악한 영들 앞에서도 주님은 변함없이 우리 앞에 푸른 초장의
꼴과 같은 진수성찬을 차려주실 것입니다. 거룩한 성령을 우리
에게 기름 붓듯 부으셔서, 영혼의 충만함을 날마다 경험하게
하실 것입니다.

갈 길을 인도하시는 주님이 항상 함께 계시는 이곳이 바로
하늘나라입니다.

VINE-BRANCH CO.

광야에서 들리는 하나님의 음성 ;
내 양은 내 음성을 들으며...

여러분의 평안은 어디로부터 비롯됩니까?

열왕기상 19장에는 바알 선지자들과의 한판 대결로 하나님의 영광을 드러내고, 아합왕 앞에서 일곱 번의 기도 끝에 3년 6개월간 내리지 않던 비를 내리게 했던 엘리야가 등장합니다. 하지만 그는 여왕 이세벨이 자신을 죽이러 온다는 소문을 듣자마자 광야로 도망칩니다. 결국 광야 한복판에서 탈진한 엘리야는 하나님 앞에 모든 것을 다 내려놓고, 이제 사명을 다했으니 데려가 달라고 호소합니다.

하나님은 두 번이나 천사를 보내어 엘리야를 위로하셨고, 까마귀를 통해 먹이시며 다시금 힘을 얻게 하셨습니다. 그렇게 사십주야를 더 걸어 마침내 도착한 호렙산에서, 하나님은 엘리

"하나님은 세상을 뒤흔드는 소란이 아닌
'세미한 음성'으로 우리를 찾아오시며,
그 다정한 부르심에 발맞추어 걷는 광야
의 끝에는 우리를 위해 예비된 '영원한
아버지의 집'이 있습니다."

야와 깊은 대화의 시간을 갖습니다.

엘리야는 주님이 명하신 일들을 다 마쳤지만, 결국 이 땅에 믿음을 지킨 자는 자신뿐이라며 이제 그들은 마지막 남은 자의 목숨마저 찾아 죽일 것이라고 토로합니다. 그때 하나님께서는 크고 강한 바람을 일으켜 산을 가르고 바위를 부수셨으나 그 가운데 계시지 않았고, 바람이 지난 뒤 지진이 일었으나 그 가운데에도 계시지 않았으며, 지진 뒤에 큰 불길이 타올랐지만 그 불길 가운데에도 여전히 계시지 않았습니다.

그러나 천지를 뒤흔들었던 그 모든 소란이 잦아든 뒤, 비로소 세미한 소리가 들려옵니다.

"네가 어찌하여 여기 있느냐"

"또 지진 후에 불이 있으나 불 가운데에도 여호와께서 계
시지 아니하더니 불 후에 세미한 소리가 있는지라 엘리야
가 듣고 겉옷으로 얼굴을 가리고 나가 굴 어귀에 서매 소리
가 그에게 임하여 이르시되 엘리야야 네가 어찌하여 여기
있느냐"
[열왕기상 19:12-13]

그 소리를 듣고 다급히 겉옷으로 얼굴을 가린 엘리야가 동굴

어귀에 서자, 하나님의 세미한 음성이 그에게 임합니다. 하나님은 엘리야의 남은 사역을 완수할 수 있도록 능력을 더하여 주셨고, 이스라엘 가운데 바알에게 무릎 꿇지 않고 입 맞추지 아니한 자 칠천 명을 남겨 두셨다고 알려주며 엘리야를 깊이 위로하셨습니다.

광야를 지나는 우리에게 들리는 하나님의 음성은 산을 가르는 강한 바람이 아닙니다. 땅을 뒤흔드는 지진도, 뜨겁게 타오르는 불꽃도 아닙니다. 우리의 아버지이신 하나님은 마치 곁에서 속삭이듯 부드럽게 다가오시는 분이고, 세미한 음성으로 우리 영혼을 어루만지며 위로하시는 분입니다. 주님은 광야 한복판에서도 우리의 갈 길을 인도하실 것이고, 위험이 닥쳐올 때는 피할 길을 미리 예비하시며, 때마다 지팡이와 막대기로 우리를 안위하실 것입니다.

양은 어리석고 둔합니다. 시력이 약해 앞을 잘 보지 못해 길을 헤매기 일쑤고, 태어나 처음 들은 음성만을 평생 기억하기에 험한 광야를 살아가야 할 양에게 목자의 음성을 '첫 음성'으로 기억하게 하는 것은 생존이 걸린 참으로 중요한 일입니다. 길을 가다가 넘어지면 다리가 짧아 스스로 일어나는 것은 불가능하며, 꼴이 풍성한 곳에 방치하면 배가 터지도록 먹다가 허망하게 생명을 잃기도 합니다. 양에게는 맹수를 대적할 힘도, 스스로 길을 찾아 나설 지혜도 없습니다.

그러나 주님은 이토록 연약한 우리의 목자가 되어 주셨습니다. 우리의 미련함을 탓하기보다 주님의 허리에 막대기를 차셨고, 손에는 커다란 지팡이를 쥐셨습니다. 시시때때로 기름을 발라 병들지 않도록 살펴주셨고, 언제나 꼴이 가득한 푸른 초장으로 우리를 인도하십니다. 그러므로 우리는 우리를 가장 잘 아시는 선한 목자, 그분의 음성에 귀를 기울여야 합니다.

세상의 수천, 수만 가지의 소리가 뒤엉켜 옳고 그름을 분별할 수 없도록 우리를 유혹할지라도, 그 바람과 같고 진동과 같으며 불꽃과도 같은 소란함 틈에서 주님의 세미한 음성을 구분해낼 수 있어야 합니다.

"내 양은 내 음성을 들으며 나는 저희를 알며 저희는 나를
따르느니라"
[요한복음 10:27]

우리 주님은 당신의 양이 지금 어디에서 무엇을 하고 있는지 모두 알고 계십니다. 그러니 이 세미한 주님의 음성에 귀를 기울입시다. 우리가 진정 주님의 양이라면, 그분의 음성이 아무리 작게 들려올지라도 절대 놓치지 않을 것입니다.

여러분, 평생 우리 주님의 음성만 따라갑시다. 광야의 한복판에서 들려오는 주님의 세미한 음성에 발맞추어 사뿐히 걸어

갑시다. 광야의 끝에는 아버지 집이 있습니다.

> "나의 평생에 선하심과 인자하심이 정녕 나를 따르리니 내
> 가 여호와의 집에 영원히 거하리로다"
>
> [시편 23:6]

우리의 본향인 천국에서, 지나온 광야의 길을 돌아보며 기쁨의 눈물을 흘릴 수 있기를 소망합니다. 더 이상 사망도 없고 애통함도 없으며, 곡하는 것이나 아픔도 없는 그곳에서, 지나간 모든 고통은 잊고 영원한 영광을 우리 함께 누립시다.

광야의 지평선 너머에서
다시 만날 그대에게...

책을 덮는 지금, 당신의 광야는 어떤 풍경입니까. 광야는 멈추지 않고 흘러갑니다. 거친 모래바람이 영혼에 새겨놓은 나이테는 훗날 천국에서 부를 영원한 찬송의 가사가 될 것입니다. 고난은 결코 헛된 소모가 아닌, 우리를 정금처럼 빚어 거룩한 신부로 단장시키는 하나님의 '거절할 수 없는 선물'입니다.

이제 '헤이븐'은 '도제'와 함께 더 깊은 이성의 숲에서 하나님을 만나기 위해 떠납니다. 광야의 동지여, 이 육신 장막을 벗는 날, 저 빛나는 지평선 너머 아버지 집에서 우리 다시 만납시다.

헤이븐, 그리고 도제 드림